历史学者眼中的毛泽东小丛书

张海鹏 主编

雄才伟略

毛泽东

张海鹏 高中华 著

中国社会科学出版社

图书在版编目（CIP）数据

雄才伟略毛泽东/张海鹏，高中华著．—北京：中国社会科学出版社，2015.6
(2023.9 重印)

（历史学者眼中的毛泽东小丛书/张海鹏主编）

ISBN 978-7-5161-5869-2

Ⅰ.①雄⋯ Ⅱ.①张⋯②高⋯ Ⅲ.①毛泽东(1893~1976)—生平事迹 Ⅳ.①A752

中国版本图书馆 CIP 数据核字（2015）第 064272 号

出 版 人	赵剑英
策划编辑	郭沂纹
责任编辑	郭沂纹　张　湉
责任校对	李小冰　张爱华
责任印制	李寡寡
出　　版	中国社会科学出版社
社　　址	北京鼓楼西大街甲 158 号
邮　　编	100720
网　　址	http://www.csspw.cn
发 行 部	010-84083685
门 市 部	010-84029450
经　　销	新华书店及其他书店
印　　刷	北京君升印刷有限公司
装　　订	廊坊市广阳区广增装订厂
版　　次	2015 年 6 月第 1 版
印　　次	2023 年 9 月第 2 次印刷
开　　本	710×1000　1/16
印　　张	9.25
插　　页	2
字　　数	134 千字
定　　价	32.00 元

凡购买中国社会科学出版社图书，如有质量问题请与本社联系调换
电话：010-84083683
版权所有　侵权必究

毛泽东是中国近现代历史上最伟大的、最杰出的历史人物之一。

20世纪初以来，中国近代历史的第一次飞跃是由我国民主革命的先行者孙中山完成的。他举起资产阶级革命的旗帜，推翻了我国历史上最后一个封建王朝，辛亥革命开启了中国历史进步的新纪元。他的功绩是值得后人纪念的。

中国近代历史的第二次飞跃，是在毛泽东领导下的中国共产党人完成的。毛泽东不仅领导中国人民胜利地走完了新民主主义革命的全部路程，而且引领中国走上了社会主义的大道，为中国人民探索中国特色社会主义奠定了雄厚的基础。这一次的历史飞跃，比较第一次历史飞跃，历史意义更大，历史影响更深远，是要永远彪炳史册的。

我们在这本小册子里，在有限的篇幅内，从历史学的角度，叙述毛泽东一生的事功，简明扼要，希望对读者了解毛泽东有些用处。

总　　序

　　2013年12月26日是毛泽东诞辰120周年。毛泽东去世也已37年。毛泽东作为中国近现代史上伟大的历史人物，已经进入任人评说的时候。在毛泽东的历史评价上，出现了两极分化。这种两极分化的历史评价，或多或少与他们对现实中国的认识有关，与他们对中国特色社会主义的价值体系的认识有关。这套小丛书拟定了大小适中的选题，约请历史学者，从中国近现代史研究出发，以历史学者的眼光来观察毛泽东，来评价毛泽东，希望给毛泽东这个伟大的历史人物一个符合历史的评价。这些历史学者基于历史事实的分析，希望给大众特别是青年读者以正确的引导。敬请读者不吝赐教。

　　毛泽东是中国近现代史上最伟大的、最杰出的历史人物。

　　20世纪初以来，中国近代历史的第一次飞跃是由我国民主革命的先行者孙中山完成的。他举起资产阶级革命的旗帜，推翻了我国历史上最后一个封建王朝，辛亥革命开启了中国历史进步的新纪元。他的功绩是值得后人纪念的。

　　中国近代历史的第二次飞跃，是由毛泽东领导下的中国共产党人完成的。毛泽东不仅领导中国人民胜利地走完了新民主主义革命的全部历程，而且引领中国走上了社会主义的大道，为中国人民探索中国特色社会主义奠定了雄厚的基础。这一次的历史飞跃，比较第一次历史飞跃，历史意义更大，历史影响更加深远，是要永远彪炳史册的。

从1849年到1949年这一百年，是中国历史上最为惊天动地、惊世骇俗，变动最为剧烈的一百年。从1949年到2049年，是中华民族从衰弱走向复兴的一百年。这两个一百年，是要为今后的中国历史学家大书特书的。毛泽东正活动在这两个一百年的中间：1949年前的半个世纪，他在剧烈变动的时代中是一个叱咤风云的人，是一个引领时代前进的人，他推动了历史的前进；在1949年后的27年中华民族复兴的途程中，他还是一个呼风唤雨的人，是一个引领时代前进的人，是一个动员了中国全体人民的人，虽然在行进中有些跌跌撞撞，他毕竟在探索中国前进的路。他是一个把毕生毫无保留地献给了中国人民的人！他是一个为国家走向富强工作到最后一息的人。我们的后人将会为中国的发展创下更为伟大的业绩，这是毫无疑问的，但是像毛泽东经历了那样剧烈的世纪变化、那样风雨兼程、那样天地开创的人，应该是前无古人，后鲜来者的！

今天，全体中国人在生活中所享受的物质条件都比他那个时代好，但是我们不要忘记，我们都在享受着他的劳绩带给我们的丰泽雨润。

1981年6月，中共十一届六中全会通过了《关于建国以来党的若干历史问题的决议》，对毛泽东的历史地位和他对中国历史的独特贡献作出了科学的评价和总结。中国共产党的领导人邓小平、江泽民、胡锦涛、习近平等都对毛泽东的历史贡献作出了肯定的评价。这些肯定的评价反映了中国绝大多数人民的想法，是尊重历史事实的，是得到人民拥护的。

毛泽东不是圣人，不是神仙，他的一生当然也犯过错误，尤其是他的晚年，所犯错误尤其严重。平心而论，这些错误，不只是毛泽东个人的错误，是那一代人的共同错误，是时代的局限造成的。当然，毛泽东应该承担更多的责任。早日建成社会主义，早日过渡到共产主义，那一代中国人哪一个不是欢欣鼓舞呢？我是那个时代的过来人，是有切身体会的。虽然物质生活匮乏，可精神生活是昂扬的，对早日到达共产主义是有追求，是有向往的。但是这种急性病，距离社会现实太远，是不能实现的。这种急性病，带有列宁所批评的共产主义运动中"左派"幼稚病的某些迹象。社会的发展，社会主义的发展，有自己的规律，不能想当然去超越。通过后来的历史发展，我认识到了，体会到了。在一定意义上说，犯这种错误是难免的。这不是为毛泽东的错误开脱。中国共产党人摸索新民主主义革命的规律，从建党到中华人民共和国成立，花了28年。这28年就是一个历史的代价。从中华人民共和国成立到1976年"文化大革命"结束，毛泽东去世到十一届三中全会，也是28年，这也是一个历史的代价，这以后才可能召开中共十一届三中全会，才可能形成对建设中国特色社会主义的新认识。

历史人物难以避免时代的局限，这是任何时代的人不能回避的。毛泽东的过人之处就在于，他自己认识到这一点。

毛泽东说过我们不是圣人，难免犯错误。他在1956年总结苏联的教训时说："共产主义运动，从马克思、恩格斯发表《共产党宣言》算起，至今只有一百年多一点的历史。无产阶级专政的历史，从俄国十月革命算起，还不到四十年。实现共产主义，是空前伟大而又空前艰巨的事业。不艰巨就不能说伟大，因为很艰巨才很伟大。在这艰巨斗争的过程中，不犯错误是不可能的，因为我们走的是前无古人的道路。我历来是'难免论'。斯大林犯错误，是题中应有之义。赫鲁晓夫同样也要犯错误。苏联要犯错误，我们也要犯错误。问题在于共产党能够通过批评和自我批评克服自己的错误。"1957年他在省市自治区党委书记会议上讲话说："我们搞革命和建设，总难免要犯一些错误，这是历史经验证明了的。《再论无产阶级专政的历史经验》那篇文章，就是个大难免论。我们的同志谁愿意犯错误？错误都是后头才认识到的，开头都自以为是百分之百的马克思主义。当然，我们不要因为错误难免就觉得犯一点也不要紧。但是，还要承认工作中不犯错误确实是不可能的。问题是要犯得少一些，犯得小一些。"这里说的犯错误，既包括了因历史时代的局限可能犯的错误，也包括因认识不足和经验缺乏所犯的错误，还包括因个人原因犯的错误。重要的是，中国共产党能够通过自己的努力来克服错误。中国共产党已经总结了自己的历史，包括毛泽东领导国家时期的历史，克服了以往的错误，中国的事业又重新大踏步前进了。

毛泽东一生革命，一家人中出现了六位烈士。中华人民共和国成立以后，为了保家卫国，他像千千万万普通父母一样，把自己的儿子送到朝鲜战火的前线。他的儿子毛岸英未能幸免于美国军机的炸弹。毛泽东一生清廉，勤勉从公，没有为子女和亲属留下财产和权力。中华五千年文明史里，从古代的皇帝到民国时期的总统，哪一个能与他相比呢？哪一个能像他那样大公无私呢？毛泽东对国家的忠诚和贡献是无与伦比的。

毛泽东是中国近现代历史上最重要的伟大人物，是值得今天的中国人怀念的！无论他的成就或者失误，都将成为我们今后前进的借鉴和财富。

小丛书的写作，立足于历史事实，有史实根据，不收道听途说之论。文字通俗，力求深入浅出。基本观点，贯穿党的历史问题决议，遵守党的十八大精神。书中引语，都有根据，不妄加解释。

小丛书每本十几万字。共列出九本。下面是九本书及其作者。
《毛泽东的学风文风》周溯源、颜兵等（中国社会科学院）
《毛泽东的读书生活》周溯源、刘宇等（中国社会科学院）
《毛泽东与青年》郝幸艳（中国社会科学院）
《毛泽东与人民》龚云（中国社会科学院）
《毛泽东的民族精神》刘书林（清华大学）
《毛泽东与反腐倡廉》王传利（清华大学）
《毛泽东对中国社会主义道路的探索》仝华等（北京大学）
《毛泽东与新中国政治制度的建立》高中华（中共中央党校）
《雄才伟略毛泽东》张海鹏、高中华（中国社会科学院、中共中央党校）

张海鹏
2013 年 10 月 1 日

目 录

一 从旧式知识分子到马克思主义者 …………………………(1)
 （一）从唯心史观到唯物史观的转变 ……………………(2)
 （二）阶级斗争史观和人民史观 …………………………(14)
 （三）毛泽东如何运用唯物史观分析历史发展规律 ……(20)

**二 从革命实践中总结经验教训，得出中国革命的规律性
认识** ……………………………………………………………(25)
 （一）农民问题和枪杆子问题 ……………………………(26)
 （二）开辟农村革命根据地和农村包围城市的中国革命道路
   ——马克思主义与中国实际的第一次结合 ………(30)
 （三）中国革命分两步走
   ——新民主主义革命理论问题 ………………………(42)
 （四）中国的工业化和现代化问题 ………………………(47)

三 抗日战争中的战略选择
  ——阶级矛盾和民族矛盾的转换 ……………………(51)
 （一）抗日战争时期中国的主要矛盾 ……………………(52)
 （二）国共第二次合作的形成 ……………………………(54)

（三）中共工作的转变 …………………………………… (57)
　　（四）制定全面抗战路线 ………………………………… (59)
　　（五）坚持抗日民族统一战线的方针、政策 …………… (60)
　　（六）抗日战争的持久战和游击战 ……………………… (63)
　　（七）加强陕甘宁边区政治、经济、文化建设 ………… (65)
　　（八）延安的整风运动 …………………………………… (67)

四　指挥三大战役
　　——战争史上的奇迹 ……………………………………… (71)
　　（一）大决战前的防御作战
　　　　　——迎接中国革命的高潮 ………………………… (73)
　　（二）转向战略进攻
　　　　　——1947年成为历史的转折点 …………………… (75)
　　（三）决定中国命运的战略大决战
　　　　　——在世界上最小的指挥部里指挥了世界上
　　　　　　　最大的战略决战 …………………………… (76)
　　（四）不断丰富发展的毛泽东军事思想 ………………… (81)

五　创建中华人民共和国的历史伟业 ……………………… (84)
　　（一）筹建人民的新国家 ………………………………… (84)
　　（二）从近代中国的历史看中华人民共和国成立的
　　　　　历史意义 …………………………………………… (89)
　　（三）中华人民共和国的成立开始了中华民族复兴的
　　　　　历史新纪元 ………………………………………… (93)

六　决策抗美援朝，中国人在世界上站起来 ……………… (100)

七　探索中国社会主义道路
　　——成功与失误 …………………………………………… (105)
　　（一）中国走社会主义道路的必然性 …………………… (105)

（二）探索社会主义道路的良好开端 …………………………（106）
　　（三）探索过程中出现失误 ………………………………………（110）
　　（四）对国民经济的调整与"左"倾错误的继续发展 ………（115）
　　（五）探索走入歧途 ………………………………………………（117）
　　（六）对探索社会主义道路的总的认识 …………………………（117）

八　海峡两岸关系中的独特思考与运作 ………………………（121）

九　简短的结语
　　——馨香奉献毛泽东 …………………………………………（128）

参考书目 ……………………………………………………………（134）

重印后记 ……………………………………………………………（135）

一

从旧式知识分子到马克思主义者

青年毛泽东是在近代中国历史巨变中追求进步、追寻新知识的知识分子。他的知识主要是从中国儒学传统中学习的，也汲取了一些来自西方的新知识。总体来说，他在青年时期还是一个具有中国传统文化底蕴的旧式知识分子。毛泽东早期关于"大本大源"的看法，关于历史治乱循环的看法，关于"巨夫伟人"的看法，表明他的历史观是陈旧的历史观，是唯心主义的历史观。1920年以后，毛泽东学习了马克思、恩格斯的《共产党宣言》等马克思主义著作，转变成为一个马克思主义者，变成一个用新的世界观探索和改变中国历史命运的革命者。唯物主义的历史观是毛泽东认识世界和变革中国历史命运的基本观念。作为伟大的马克思主义者，毛泽东的历史观的主要内容，是他对历史发展前进方向的坚定信念。支持毛泽东历史观的两个最基本的观点是阶级斗争史观和人民史观。一切从人民利益出发的人民史观，对中国共产党具有深远的影响。

所谓历史观，指人们对人类社会历史发展进程的一般看法，是指导人们观察社会历史的基本指导思想，也指观察和研究社会历史现象的基本的方法论。例如社会历史是否客观存在？历史发展是否有某种客观规律？推动历史前进的基本原因和基本动力是什么？等等。有什么样的世界观，大体上也就有什么样的历史观。毛泽东一生熟读中国历史，视野始终关注古今中外，他在思考和运筹革命与社会改造大计的时候，熟练运用历史知识之妙，是古今中外革命家所罕有的。在20世纪30年代，他为了总结、升华革命实践经验，专门研究写作了辩证唯物主义的哲学著作《实践论》和《矛盾论》，《唯心历史观的破产》是集中反映他的历史观的著作。毛泽东作为一个终身致力于认识中国社会、改造中国社会的伟大的革命家、政治家、理论家，我们应该怎样看待他的世界观的转变呢？

（一）从唯心史观到唯物史观的转变

在社会革命实践中学习并接受马克思主义以前，青年毛泽东是一个在近代中国历史巨变中追求进步，追寻新式知识的旧式知识分子。1917年，24岁的青年毛泽东在致密友的信函中描述自己的理想、信念的时候写道：

> 今之论人者，称袁世凯、孙文、康有为而三。孙、袁吾不论，独康似略有本源矣。然细观之，其本源究不能指其实在何处，徒为华言炫听，并无一干竖立、枝叶扶疏之妙。愚意所谓本源者，倡学而已矣。惟学如基础，今人无学，故基础不厚，时俱倾圮。愚于近人，独服曾文正，观其收拾洪杨一役，完满无缺。使以今人易其位，其能如彼之完满乎？天下亦大矣，社会之组织极复杂，而又有数千年之历史，民智污塞，开通为难。欲动天下者，当动天下之心，而不徒在显见之迹。动其心者，当具有大本大源。[①]

[①]《致黎锦熙信》1917年8月23日，《毛泽东早期文稿》，湖南出版社1990年版，第85页。

这一段话，典型地反映了那时读过一些新书的青年知识分子的心理状态。对于青年毛泽东来说，袁世凯、孙文、康有为虽然是前辈，但毕竟是同时代人。袁世凯因称帝遭到全国人民反对，1916年6月在护国战争的风云中气竭而终，孙文和康有为都正活跃在政治舞台上。唯曾国藩（1811—1872）已死45年，是湖南人先辈。曾国藩因组织湘军镇压太平天国造反有功，使得清朝统治免于被农民起义所倾覆，时人称他为"中兴重臣"，死后荣获"文正"谥号。又因他服膺程朱理学，有桐城派后期领袖之虚誉，颇得一般青年士子尤其是湖南青年的尊崇。毛泽东此处表示袁、孙、康不论，"独服曾文正"，正是当时一般青年的心理。"独服曾文正"什么？不仅服其"收拾洪杨一役，完满无缺"，而且服其"具有大本大源"。毛泽东具有宏大的志愿，希望"动天下之心"，即改变天下人的思想，而不在乎具体的事功，如议会、宪法、总统、内阁、军事、实业、教育等，他认为，这一切都是枝节。只有得大本大源，才能动天下之心，根本改变世界。什么人具有大本大源？"民智污塞，开通为难"，显然普通老百姓不具备大本大源。他又说："圣人，既得大本者［者］也；贤人，略得大本者也；愚人，不得大本者也。圣人通达天地，明贯过去现在未来，洞悉三界现象，如孔子之'百世可知'，孟子之'圣人复起，不易吾言'。孔孟对答弟子之问，曾不能难，愚者或震之为神奇，不知并无谬巧，惟在得一大本而已。"① 很清楚，只有孔孟才具有大本大源。只有孔孟思想才能治理天下。只有孔子才能明贯过去现在未来，"百世可知"。这完全是中国社会几千年流传下来尊儒的基本思想。有学者把毛泽东追求的大本大源解释为"显然是指历史发展的客观规律"②，恐怕是误解了毛泽东在这里所说大本大源的含义，不恰当地估计了青年毛泽东的思想高度。

我们再看这期间毛泽东所写的《〈伦理学原理〉批注（1917—

---

① 《致黎锦熙信》1917年8月23日，《毛泽东早期文稿》，湖南出版社1990年版，第87页。

② 王子今：《毛泽东与中国史学》，中共中央党校出版社1993年版，第36页。

1918）》。《伦理学原理》是德国哲学家包尔生（1846—1908）的著作《伦理学体系》中的一部分，日本人蟹江义丸把其中的一部分翻译成日文，以《伦理学原理》之名出版。蔡元培将日译本再译成中文出版。湖南省立第一师范教师杨昌济以这本书作为教材。毛泽东一边学习一边在书本上写下了大量批注。从这些批注中可以看出青年毛泽东的哲学观、历史观。其中一则批文说：

> 予谓人类只有精神之生活，无肉体之生活。试观精神时时有变化，肉体则万年无变化可以知也。
> 予谓理想之本体亦有深浅。
> 精神发展，理想分化。
> 观念造成文明，诚然，诚然。①

这里说的是精神和物质的关系。批注者认为，精神是第一性的，"观念造成文明"。唯物史观认为，物质第一性，先有物质文明，后有观念文明。

另一处批注又写道：

> 世界固有人有物，然皆因我而有，我眼一闭，固不见物也。②

这里是说我的意识决定了存在，没有我的意识就无所谓"实在"。无我则无物。这是典型的主观唯心主义。这与明代哲学家王阳明所谓"心外无物"如出一辙。

他还说过：

> 是故治乱迭乘，平和与战伐相寻者，自然之例也。③

---

① 《〈伦理学原理〉批注（1917—1918）》，《毛泽东早期文稿》，湖南出版社1990年版，第168页。
② 同上书，第148页。
③ 同上书，第185—186页。

这里很明白地说出了历史循环论的传统看法。一治一乱，治乱迭乘，都是历史生活的正常的过程。自古以来，中国的知识分子都是用这种循环论的观点看待历史进程的。

毛泽东在1915年9月致友人的信中说："一朝代之久，欲振其纲而挈其目，莫妙觅其巨夫伟人。巨夫伟人为一朝代之代表，将其前后当身之迹，一一求之至彻，于是而观一代，皆此代表人之附属品矣。"①研究历史，说到底，最重要的是寻找到代表那个朝代的"巨夫伟人"，其他不过是其附属品而已。这是典型的英雄史观。

不难看出青年毛泽东的历史观是什么了。所谓圣人创造历史（孔孟得大本大源，可知百世），老百姓是愚人，很难开通。观念造成文明，意识决定存在。治乱兴衰，历史循环发展。学习传统儒学，尤其是宋明理学、陆王心性之学，形成这样一种历史观是不难理解的。但是，要指出：这是陈旧的历史观，是唯心主义的历史观。

毛泽东思想上出现重大转变，与20世纪初期中国社会的剧烈变化息息相关。长沙的抢米运动，保路运动，武昌起义，湖南独立，孙中山为首的南京临时政府难以支持下去，国家为清末的大官僚（直隶总督、内阁总理）袁世凯所控制，军阀当道，湖南亦为军阀所掌控。当时有社会责任感的爱国进步青年为帝国主义侵略下的国家前途忧心如焚。面对国家和社会现状，在短短几年间，毛泽东如饥似渴地读过了梁启超主办的改良派刊物《新民丛报》、革命派的《民报》和《民立报》，受到过无政府主义思潮的影响，实践过新村主义，接着又读到了激进民主主义者创办的《新青年》，读到了马克思主义的书籍，接受了李大钊、陈独秀等早期马克思主义者的指导。他经历了皇帝、总统、都督和督军，看到了社会的强烈动荡和民不聊生的种种情状。他和他的青年朋友日夜探讨与磋商国家的前途和民族的命运，进行了初步的社会调查，开始了切实认识中国国情的艰苦过程，组织了进步团

---

① 《致萧子升信》1915年9月6日，《毛泽东早期文稿》，湖南出版社1990年版，第22页。

体新民学会，创办了青年学生期刊《湘江评论》，发出了"民众的大联合"的呼号，推动了湖南的"驱张运动"，提出了"湖南共和国"的幼稚的政治口号，从事了改造中国与世界的初步的政治运动实践。

受到《新青年》的影响。 1919年8月，毛泽东从湖南来到北京，投靠他原来在湖南一师求学时的老师杨昌济先生。杨昌济是北京大学伦理学教授，是被当时思想界的名士章士钊推荐来北大的。章士钊经常到杨昌济家来交流思想。9月底，经章士钊教授的介绍，毛泽东被李大钊安排在图书馆担任助理员，前后四个多月，从而有了良好的学习机会。毛泽东在图书馆管理期刊阅览室，阅读了大量关于社会主义方面的文章。后来，毛泽东在与美国记者斯诺谈话时深情地回忆："我在李大钊手下担任国立北京大学图书馆助理员的时候，曾经迅速地朝着马克思主义的方向发展。"[1] 1949年3月25日凌晨2时，毛泽东和中央领导机关自河北省西柏坡出发，从涿县换乘火车进入北京。当看到北京的城墙，引起毛泽东的一番感慨，不禁回忆起30年前的往事，他在清华园的站台上对前来迎接他的叶剑英说："我第一次到北京，到现在整整30年了。那时，是为了寻求救国救民的真理而奔波。还不错，吃了点苦头，遇到了一个好人，那就是李大钊同志。可惜呀，李大钊同志已经为革命献出了宝贵的生命。他是我真正的老师呀！没有他的指点和教导，我今天还不知道在哪里呢！"[2]

当年的北大学生张国焘在《我的回忆》中记载："那时的北大图书馆设备还很简陋，地方不算宽敞，图书也不够齐备，但已甚具吸引力。常常挤满了人，其中以搜索新奇思想的'左'倾者占多数，少数的社会主义书刊往往借阅一空。休息室中，三五成群的青年高谈阔论，马克思主义和无政府主义常是他们的主要话题。图书馆主任（馆长）室有两间房，一间是李先生的办公室，另一间是接待室。那间接待室是当时的社会主义者和激进人物荟集之所，还有好几次举行过人数颇

---

[1] 吴黎平整理：《毛泽东一九三六年同斯诺的谈话》，人民出版社1979年版，第40—41页。

[2] 李银桥：《在毛泽东身边十五年》，河北人民出版社2006年版，第125页。

多的座谈会，辩论得很是认真。"①

李大钊作为北京大学图书馆馆长在推动社会进步方面发挥了积极的作用。李大钊把北大图书馆办成传播新文化的阵地，积极从事新文化运动的启蒙工作。80年过后，美国人在权威的《图书馆学和情报学百科全书》中称李大钊为"中国现代图书馆之父"。

作为新思想传播工具的《新青年》，最初在上海由陈独秀创办。该杂志在上海创办仅一年，就引起了不小的轰动，并且使陈独秀名扬全国。正是由于《新青年》广泛的影响力，使得当时担任北京大学校长的蔡元培邀请陈独秀到北京大学担任文科学长。

1916年初，陈独秀带着自己亲手创办的《新青年》来到北京大学，加上有北京大学众多有志青年的一同努力，使得北京大学成为传播新思想、新文化的重要基地，《新青年》也成为宣传新思想、新文化的重要工具。以《新青年》和北京大学为中心，大体上形成了一个新文化运动的阵营。《新青年》在北京的发展与传播是与北京大学有着紧密联系的。

《新青年》杂志迁到北京以后，编辑也随之增多了，实力也得到增强。据沈尹默回忆："《新青年》搬到北京后，成立了新的编辑委员会，共七个编委，还规定七个编委轮流编辑，每期一人，周而复始。"② 1918年1月，《新青年》由一人主编改为同人刊物，成立了编委会，由编辑部人员自己写稿，后来又采用轮流编辑的办法。编委共七人，分别是陈独秀、钱玄同、高一涵、胡适、李大钊、刘半农和沈尹默。每期一人，出完一期就召开一次编辑会，商定下一期的稿件。编委聚会的地点常常是陈独秀的寓所——箭杆胡同9号，这里无形中成了新文化运动的指挥部。

五四运动发生前后，《新青年》每期销售量竟达到一万五六千份。购买、阅读《新青年》的除了北京大学师生外，还有北京、上海、天

---

① 张国焘：《我的回忆》，人民出版社1989年版，第83页。
② 沈尹默：《我和北大》，《文史资料选辑》第61辑，中国文史出版社1986年合订本，第199页。

津、武汉、长沙、南京等地许多中高等学校的学生、教师和社会青年。不久，在陈独秀等人周围逐渐聚集了一大批青年学生。这些青年从《新青年》杂志的文章中，从他们敬仰的先生们的授课与交谈中吸收新思想、新观念，并很快成为这些新思想、新观念更为积极、热心的宣传者。可以说，《新青年》适应了时代的要求，指引着这个时代前进的步伐，它培育了整整的一代青年。

1919年3月，恽代英等致函《新青年》说："我们素来的生活，是在混沌的里面，自从看了《新青年》渐渐的醒悟过来，真是像在黑暗的地方见了曙光一样。我们对于做《新青年》的诸位先生，实在是表不尽的感谢了。我们既然得了这个觉悟，就发了个大愿，要做那'自觉觉人'的事业，于是就办了《新声》（半月刊）。"[1]

毛泽东说："《新青年》是有名的新文化运动的杂志，由陈独秀主编。当我在师范学校做学生的时候，我就开始读这一本杂志。我特别爱好胡适、陈独秀的文章。他们代替了梁启超和康有为，一时成了我的模范。""有很长一段时间，每天除上课、阅报以外，看书，看《新青年》；谈话，谈《新青年》；思考，也思考《新青年》上所提出的问题。"[2]

从事改造中国的早期社会实践活动。毛泽东第一次到北京后，积极参加了北京大学的两个学术团体。一个是1918年10月成立的新闻学研究会，它由《京报》社长邵飘萍发起组织，并主讲有关办报的业务知识。这对毛泽东以后创办《湘江评论》很有启发。另一个是1919年1月成立的哲学研究会，由杨昌济、梁漱溟以及胡适、陈公博等人发起组织，旨在"研究东西诸家哲学，瀹启新知"[3]。

1919年3月，邓中夏、廖书仓、康白情、罗家伦、陈宝锷、许德

---

[1] 任建树：《陈独秀传——从秀才到总书记》上，上海人民出版社1991年版，第110页。

[2] ［美］埃德加·斯诺：《西行漫记》，董乐山译，生活·读书·新知三联书店1979年版，第125页。

[3] 金冲及主编：《毛泽东传（1893—1949）》，中央文献出版社1996年版，第42页。

珩等人发起组织北京大学平民教育讲演团，宗旨是"增进平民知识，唤起平民之自觉心"①。23日上午，北京大学平民教育讲演团在马神庙理科校长室召开成立大会，邓中夏被推为总务干事，负责主持该团工作②。成立大会召开时，有团员39名。五四运动爆发时，团员将近50名，且大部分是国民杂志社和新潮社的成员。廖书仓、邓中夏为总务干事，康白情、罗家伦为编辑干事。黄日葵、张国焘、易克嶷、陈宝锷等人，都是讲演团骨干。讲演团成立后，计划每星期日的下午上街举行定期讲演。节假日或发生事件后，另有临时增加的不定期讲演。五四运动爆发后，讲演活动热烈而频繁，讲题有：《青岛交涉失败史》（邓中夏）、《山东与全国之关系》（周炳琳）、《青岛关系我国之将来》（廖书仓）、《自卫》（张国焘）、《抵抗强权》（易克嶷）、《真正语气》（李季龙）等，内容集中在鼓动民众奋起救国这个主题上，对五四运动的发展，起了重要的推动作用③。

毛泽东也参加了平民教育讲演团的活动。1920年春假后讲演团又开始到通州、丰台、长辛店等地工厂和农村讲演。讲演内容，起初主要是民主自治，破除迷信，提倡学习文化科学知识，反对封建的家族制度等。五四运动兴起后，讲演内容和政治斗争紧密结合，进行反日爱国宣传。这个社团的成分虽然也比较复杂，但其领导机构一直掌握在左翼青年手里。邓中夏长期担任该团的编辑干事和总务干事，负责实际领导工作。北京大学早期的共产党人大都是这个讲演团的成员。邓中夏等后来去长辛店创办劳动补习学校，开展工人运动，就是利用讲演团的名义。④"许老（德珩）和毛泽东、邓中夏、高君宇等人一起组成北京大学平民教育讲演团，深入到海淀、长辛店等处，向工人农

---

① 张允侯等编：《五四时期的社团》（二），生活·读书·新知三联书店1979年版，第136页。

② 同上书，第137页。

③ 刘永明：《国民党人与五四运动》，中国社会科学出版社1990年版，第71页。

④ 李义彬：《五四时期的进步社团》，《人民日报》1985年6月28日第5版。

民宣讲革命道理。"①"讲演对北大同学来说,既是古老的,又是崭新的。在新民主主义革命中,邓中夏率领平民教育讲演团用演讲这个方式来传播共产主义的思想,鼓舞人民的革命斗志。"他们在北京的大街小巷作讲演,向平民进行启蒙教育。②学生们的讲演,得到市民的广泛欢迎,为五四运动的爆发提供了思想准备。

1919年年初,新潮社和国民社办了刊物《新潮》《国民》。在此前后创办的刊物,还有陈独秀、李大钊等主编的《每周评论》,北大教授朱希祖、陈启修等编辑的《北京大学月刊》,以及由北京大学、江苏省教育会等五个单位联合主办的《新教育》月刊。这些刊物都刊载了大量宣传新文化内容的文章,使新文化运动如火如荼地开展起来。此外,上海《时事新报》及其副刊《学灯》、北京《晨报》副刊、《京报》等也先后转向宣传新思想。

受到新文化运动影响的北大在校学生、毕业生以及北京、天津、上海、南京、山东、湖南、湖北、江西等地青年学生为骨干的社团和他们创办的宣传新思想的刊物如雨后春笋般迅速增加。王光祈、李大钊等发起的少年中国学会,毛泽东、蔡和森等发起的新民学会,恽代英组织的利群书社,周恩来等组织的觉悟社都是其中颇有影响的社团。这些社团的成分一般比较复杂,它们往往兼容并包,包含着不同政治信仰和政治倾向,集合着各种不同类型的知识分子。他们是在"民主"和"科学"的旗帜下走到了一起。为了扩大新文化的影响,新青年社、新潮社、少年中国学会等争相编辑杂志,如《星期评论》《湘江评论》《新中国》《新群》《曙光》《少年中国》《建设》《觉悟》《解放与改造》《新社会》则是这一时期众多新刊物的代表。同时,它们还编辑新文化丛书,商务印书馆、中华书局、亚东图书馆等许多出版机构也开始出版大量的新文化图书。这些出版机构自行编辑的期刊杂志,如《东方杂志》《教育杂志》《妇女杂志》等也陆续进行改革,

---

① 孙承佩:《百年风雨,伟大追求——缅怀许德珩同志》,《人民日报》1990年3月15日第6版。

② 李怀玺:《北大学生讲演团走向社会》,《人民日报》1983年2月3日第3版。

刊载越来越多的宣传新文化的文章。

五四时期的新文化运动承继了严复、梁启超、谭嗣同以及资产阶级革命党人的启蒙宣传，以传播民主科学为核心内容的西方进步思想为手段，向中国传统的伦理道德、文化、文学、艺术、思想观念发起了猛烈攻击，目的是要把中国人民从封建蒙昧状态下解放出来。这正是20世纪中国的启蒙运动。创办《新青年》杂志的陈独秀则是这场启蒙运动的揭幕人和领导者。

五四运动之前，以陈独秀、李大钊、鲁迅等为首的资产阶级激进民主主义者为传播新思想作出了积极的努力，发表了大量的文章。

新文化运动主要包括思想革命和文学革命两个方面的内容，这就是新文化运动的两大主题——民主与科学的思想，没有这两种思想，人民就得不到解放，也不能成为真正的个人。新文化运动在中国历史上起了重要的作用，它促进了人民思想的解放，为即将到来的五四爱国运动做了思想准备，也为马克思主义思想在中国进行传播提供了有利的条件。关于新文化运动的历史功绩，毛泽东在《新民主主义论》中指出："自有中国历史以来，还没有过这样伟大而彻底的文化革命。当时以反对旧道德提倡新道德、反对旧文学提倡新文学为文化革命的两大旗帜，立下了伟大的功劳。……五四运动是在思想上和干部上准备了一九二一年中国共产党的成立，又准备了五卅运动和北伐战争。"[1]

正是在这种强烈社会动荡和初步政治实践的经验中，毛泽东的思想完成了从保皇派[2]、资产阶级改良派、无政府主义到革命派的转变[3]，又进一步实现了从唯心主义世界观到唯物主义世界观的转变，唯物史

---

[1] 《毛泽东选集》第2卷，人民出版社1991年版，第700页。

[2] 毛泽东后来回忆说，当宣统皇帝登基两年的时候，他还不是一个反对帝制的人。见吴黎平整理《毛泽东一九三六年同斯诺的谈话》，人民出版社1979年版，第16页。

[3] 毛泽东回忆说，他在1911年到长沙读书，第一篇发表政见的作文，提出请孙中山担任总统，康有为任国务总理，梁启超任外交部长。但到1918年湖南省立第一师范毕业时，他已经抛弃了康、梁，而非常佩服胡适和陈独秀的文章了。见吴黎平整理《毛泽东一九三六年同斯诺的谈话》，人民出版社1979年版，第18、31页。

观开始成为他观察社会和分析社会、改造中国与世界的方法论与基本工具。

接受《共产党宣言》所阐述的共产主义思想。直到1920年8月,马克思、恩格斯在1847年出版的《共产党宣言》中译本才由上海社会主义研究社列为社会主义研究丛书的第一种,首次以中文的形式正式出版,译者是陈望道。在中国共产党上海早期党组织组建的过程中,陈望道参加了一些活动,他翻译完成后找不到书局印刷。后来,共产国际代表维经斯基资助建立了一家印刷厂——又新印刷厂,出版才有了着落。

出版之前,陈望道请李汉俊校对,李汉俊校对后又请陈独秀校阅。该书一经出版就受到先进知识分子的热烈欢迎。第一次印刷的一千多本书,很快就被抢购一空。很多没有购到书的人,写信到出版社发行机构,询问《共产党宣言》的发行情况。《星期评论》的编辑沈玄庐专门在《国民日报》副刊《觉悟》上发表了回信,告诉读者《共产党宣言》出版的大体情况和有可能买到这本书的地方。为了配合马克思主义的传播,《共产党宣言》很快就有了重版。中国共产党成立后,在上海又重新出版了《共产党宣言》。据说在第一次国内革命战争时期,单是平民书社就将此书重印了十几次。到1926年5月,已经是第十七版了。北伐战争期间,这本小册子在军中广泛传播,几乎是人手一本。陈望道翻译的《共产党宣言》成为国民党统治时期在国内流传最广,影响最大的一本马克思主义的经典著作[①]。

一般来说,毛泽东从唯心史观到唯物史观的转变,是1920年。《共产党宣言》对他的思想转变起到了重要的影响。作为第一本中文版的《共产党宣言》,它的传播对中国人了解马克思主义起到了积极的推动作用,它有利于推动中国社会主义运动的蓬勃发展。正是在《共产党宣言》的影响下,许多先进知识青年不断向社会主义方向转变,从而更加坚定共产主义信念,最终成为一名坚定的马克思主义者。

毛泽东在1936年同美国记者埃德加·斯诺谈话时,提到《共产党

---

① 邓明以:《陈望道传》,复旦大学出版社2005年版,第39页。

宣言》对他的影响："我第二次到北京期间，读了许多关于俄国情况的书。我热心地搜寻那时候能找到的为数不多的用中文写的共产主义书籍。有三本书特别深地铭刻在我的心中，建立起我对马克思主义的信仰。我一旦接受了马克思主义是对历史的正确解释以后，我对马克思主义的信仰就没有动摇过。这三本书是：《共产党宣言》，陈望道译，这是用中文出版的第一本马克思主义的书；《阶级斗争》，考茨基著；《社会主义史》，柯卡普著。"①

1921年1月21日毛泽东复信给在法国的蔡和森，开宗明义第一句话就是："唯物史观是吾党哲学的根据，这是事实，不像唯理观之不能证实而容易被人摇动。"② 唯物史观四个字第一次出现在毛泽东的文字中，这表明毛泽东在初步学习了马克思主义的著作后出现的思想转变。

正如毛泽东所说"十月革命一声炮响，给我们送来了马克思列宁主义"。③ 十月革命的消息传到国内，李大钊作出积极的反应，他迫切了解和研究十月革命的消息，进一步了解布尔什维克主义和马克思主义。通过对这些情况的了解，李大钊很快就在《新青年》上发表了《法俄革命之比较观》《庶民的胜利》《我的马克思主义观》等文章，积极地介绍和宣传马克思主义。

马克思主义在传播的过程中就同无政府主义、基尔特社会主义等展开了对比和较量。李大钊、陈独秀等早期马克思主义者同胡适、张东荪、梁启超等进行论战，使中国的马克思主义从开始传播就接受到正统的马克思主义。毛泽东在这个过程中，接受了马克思主义，并坚定地站在了马克思主义立场上。毛泽东、何叔衡等在长沙建立了共产党早期组织，积极研究和宣传马克思主义，在工人等无产阶级中积极

---

① [美]埃德加·斯诺：《西行漫记》，董乐山译，生活·读书·新知三联书店1979年版，第131页。

② 《致蔡和森》1921年1月21日，《毛泽东书信选集》，人民出版社1983年版，第15页。

③ 《论人民民主专政》，《毛泽东选集》第四卷，人民出版社1991年版，第1471页。

传播马克思主义，工人群众开始接触到了马克思主义，长沙也建立了工会，这样，毛泽东从一开始就注意到了马克思主义同中国工人运动的结合。

1921年7月23日，中国共产党第一次全国代表大会在上海举行，毛泽东作为长沙共产党早期组织的代表参加了会议。从此，中国人民有了自己的马克思主义政党。毛泽东在马克思主义的传播和发展中，在中国共产党的成立和壮大中都贡献了自己的力量，并成为一名坚定的马克思主义者。

（二）阶级斗争史观和人民史观

毛泽东从接受唯物史观开始，就接受了阶级斗争的观点。他在1941年说过："记得我在1920年，第一次看了考茨基著的《阶级斗争》，陈望道翻译的《共产党宣言》，和一个英国人作的《社会主义史》，我才知道人类自有史以来就有阶级斗争，阶级斗争是社会发展的原动力，初步地得到认识问题的方法论。可是这些书上，并没有中国的湖南、湖北，也没有中国的蒋介石和陈独秀。我只取了它四个字'阶级斗争'，老老实实地来开始研究实际的阶级斗争。"[①] 从此以后，他在中国社会实际中用阶级斗争的理论和方法来研究和分析社会现象，看出了中国历史和中国社会中存在一系列阶级和阶级斗争的现象，由此提出并制定了一系列推进中国革命的重大原则和方略。他的这种研究方法和观察中国社会的角度，可以称作"阶级斗争史观"。他用这种阶级斗争史观，或者阶级斗争的分析方法，分析了中国社会各阶级及其阶级利益和政治倾向，分析了现实社会实际的阶级斗争，分析了中国历史上的阶级斗争，无往不证明阶级斗争理论的正确性，终生乐此不疲。在批判美国白皮书的时候，他写下了如下名言："阶级斗争，一些阶级胜利了，一些阶级消灭了。这就是历史，这就是几千年的文

[①] 《毛泽东文集》第2卷，人民出版社1993年版，第378—379页。

明史。拿这个观点解释历史的就叫做历史的唯物主义，站在这个观点的反面的是历史的唯心主义。"① 就是这个阶级斗争史观，他在党内、人民群众中、历史研究者中大加倡导，着力推行。②

毛泽东的阶级斗争史观的分析方法，最精彩之笔是对新民主主义革命时期中国社会以及社会各阶级的分析。这种分析的精到独特及其所取得的成功，已经完全为标志着新民主主义革命胜利的历史过程所证明。毛泽东从中国所处的社会是殖民地、半殖民地半封建的社会出发，从中国新民主主义革命（换一个说法是中国无产阶级通过中国共产党领导的资产阶级民主革命）的目的是推翻殖民地、半殖民地半封建统治势力的需要出发，确定了革命的对象和革命的动力。推翻殖民地、半殖民地半封建统治势力的总任务在整个新民主主义革命时期是不变的，但是在革命的不同的历史阶段，革命的对象和革命的动力是不完全一样的。"在中国资产阶级民主革命过程中，有中国社会各被压迫阶级和帝国主义的矛盾，有人民大众和封建制度的矛盾，有无产阶级和资产阶级的矛盾，有农民及城市小资产阶级和资产阶级的矛盾，有各个反动的统治集团之间的矛盾等等，情形是非常复杂的。"③ 这些矛盾是由它们在各自相联系的生产关系中的阶级地位决定的。在不同的历史阶段，如在国共合作反对军阀统治的阶段，在十年内战的历史阶段，在抗日民族统一战线的历史阶段，在第三次国内革命战争的阶

---

① 《毛泽东选集》第4卷，人民出版社1991年版，第1487页。
② 如毛泽东在写给章士钊的讨论章著《柳文指要》一书的信中指出："大问题是唯物史观问题，即主要是阶级斗争问题。但此事不能求之于世界观已经固定之老先生们，故不必改动。嗣后历史学者可能批评你这一点，请你要有精神准备，不怕人家批评。"见《致章士钊》1965年7月18日，《毛泽东书信选集》，第602页。1958年在《为印发〈张鲁传〉写的批语》中说："中国从秦末陈涉大泽乡（徐州附近）群众暴动起……几乎没有停止过。同全世界一样，中国的历史，就是一部阶级斗争史。"这个《张鲁传》及其批语是印发给参加中共八届六中全会会议人员的。见《为印发〈张鲁传〉写的批语》1958年12月7、10日，《建国以来毛泽东文稿》第7册，中央文献出版社1992年版，第629—630页。毛泽东关于中国历史是阶级斗争的历史的论述很多，此处不再引述。
③ 《毛泽东选集》第1卷，人民出版社1991年版，第311—312页。

段,由于阶级斗争形势的变化,民族矛盾和阶级矛盾的转换,主要矛盾和次要矛盾的不同,革命的对象和革命的动力时有变化,革命的策略时有不同。总的目标是壮大自己、孤立敌人。这就要根据"马克思主义的最本质的东西,马克思主义的活的灵魂""具体地分析具体的情况"。① 在不同的历史阶段,针对不同的革命目标,如何处理农民阶级和地主阶级的矛盾,如何处理工人阶级和资产阶级的矛盾,如何处理农民、城市小资产阶级和民族资产阶级的矛盾,如何处理民族资产阶级和买办大资产阶级的矛盾,如何处理不同的帝国主义支持的大资产阶级利益集团之间和统治阶级之间的矛盾,就有许多文章可做。只是在做好了这些文章后,革命才最终取得胜利。做好这些文章,基础的东西就是阶级分析,就是阶级斗争的理论。这些文章在马克思主义的本本上,是读不到的,它是马克思主义与中国革命实际相结合的结果,是中国共产党人奋斗的结果,尤其是毛泽东运用阶级斗争的理论和阶级分析的方法所获得的创造性的结果。②

毛泽东的阶级斗争史观的哲学基础基于他的矛盾论学说,基于他的矛盾的普遍性和矛盾的特殊性。在阶级社会中,阶级矛盾既具有它的普遍性,又具有它的相对性和特殊性。阶级对抗、阶级斗争,是阶级社会矛盾运动的特殊表现。在新民主主义革命完成以后,在农业、手工业和资本主义工商业的社会主义改造完成以后的社会主义时期,在社会上的主要的剥削阶级已经不存在的情况下,在急风暴雨式的群众阶级斗争已经成为过去的情况下,在社会上和意识形态领域里还存在阶级斗争的情况下,如何看待和处理社会主义时期的阶级斗争问题?这是马克思主义的本本里没有讲过的,也是苏联经验未曾提供过的。毛泽东提出了两类不同性质矛盾的概念,提出了正确处理人民内部矛盾的学说,这是阶级斗争史观在新的历史时期的运用。他解释说:"在我们国家里,工人阶级同民族资产阶级的矛盾属于人民内部的矛

---

① 《毛泽东选集》第1卷,人民出版社1991年版,第312页。
② 关于毛泽东的阶级分析方法,有学者认为那是基于阶级分析方法的"敌我分析法",参见李君如《毛泽东与当代中国》,福建人民出版社1991年版,第176—177页;王也扬《我们关心的历史》,中国社会科学出版社2003年版,第145页。

盾。工人阶级和民族资产阶级的阶级斗争一般地属于人民内部的阶级斗争，这是因为我国的民族资产阶级有两面性。在资产阶级民主革命时期，它有革命性的一面，又有妥协性的一面。在社会主义革命时期，它有剥削工人阶级取得利润的一面，又有拥护宪法、愿意接受社会主义改造的一面。民族资产阶级和帝国主义、地主阶级、官僚资产阶级不同。工人阶级和民族资产阶级之间存在着剥削和被剥削的矛盾，这本来是对抗性的矛盾。但是在我国的具体条件下，这两个阶级的对抗性的矛盾如果处理得当，可以转变为非对抗性的矛盾，可以用和平的方法解决这个矛盾。如果我们处理不当，不是对民族资产阶级采取团结、批评、教育的政策，或者民族资产阶级不接受我们的这个政策，那末工人阶级同民族资产阶级之间的矛盾就会变成敌我之间的矛盾。"① 由于国际国内、主观客观等各方面的原因，毛泽东对社会主义时期阶级矛盾的估计不够客观，由此产生的战略、策略措置失当，形成了阶级斗争扩大化、阶级斗争为纲的错误，但他基于矛盾论学说，提出的两类不同性质矛盾的概念以及正确处理人民内部矛盾的方针，在理论上是对马克思主义的创新，在实践上为整个社会主义时期处理人民内部矛盾问题提出了解决的指南针，也为我们正确认识和处理社会主义时期的阶级斗争问题提出了非常重要的意见。

关于人民史观，还很少有人提出这个概念。李君如从人民与敌人的角度提出了"人民"的概念问题，认为这是马克思不那么喜欢的一个概念，马克思从欧洲的情况出发，喜欢的是"阶级"，而不是"人民"。② 这里提出人民史观，是从毛泽东的历史观的角度提出的。就是说，像阶级斗争这个概念一样，"人民"这个概念在毛泽东的历史观中具有同等的地位。"阶级斗争"和"人民"两个词汇，是毛泽东语言中运用最为广泛的词汇。人民、人民群众、人民利益、人民的逻辑、为人民服务、人民的生产力、人民战争、人民军队、人民解放军、人

---

① 《关于正确处理人民内部矛盾的问题》，《毛泽东著作选读》下册，人民出版社1988年版，第758—759页。

② 李君如：《毛泽东与当代中国》，福建人民出版社1991年版，第177—179页。

民共和国、人民政府、人民代表大会、人民民主专政、人民内部矛盾、人民币、人民银行、人民警察，等等，不一而足。在中华人民共和国的政治术语中，"人民"是一个使用频率最高、最尊贵的词汇。共产党的纲领、主义、政策、奋斗，是否代表人民的利益，是否为人民所拥护，始终是毛泽东首先考虑的问题。不是一时一事，而是始终从人民出发，研究、分析社会现象和历史，提出路线、纲领、主义、政策和策略。在天安门城楼上，面对游行群众、红卫兵"毛主席万岁"的呼声，他总是以"人民万岁""同志们万岁"来应对。这不是谦虚，不是虚应故事，而是他的历史观的真实表现。青年毛泽东的"英雄创造历史"的唯心史观，在这里连影子都看不到了。毛泽东通过一生的革命实践深信：

　　　　人民，只有人民，才是创造世界历史的动力。[1]

　　人民是创造世界历史的动力，这是唯物史观的根本观点，是毛泽东的历史观的根本着眼点。毛泽东在从唯心史观转变为唯物史观的过程中，在初步参加了社会政治实践的时候，就已经领悟到了这个重要观点。他首先从俄国的十月革命中受到了启发："俄罗斯以民众的大联合，和贵族的大联合资本家的大联合相抗，收了'社会改革'的胜利以来，各国如匈，如奥，如截，如德，亦随之而起了许多的社会改革。虽其胜利尚未至于完满的程度，要必可以完满，并且可以普及于世界，是想得到的。"因此他大声呼唤"我们应该起而仿效，我们应该进行我们的大联合！"[2] 针对当时一般人（包括他自己）有关"民智污塞，开通为难"的唯心主义历史观，他认为："俄国的政治全是俄国的工人农人在那里办理。俄国的工人农人果都是学过政治法律的吗？

---

[1] 《毛泽东选集》第3卷，人民出版社1991年版，第1031页。《在延安文艺座谈会上的讲话》中还指出："对于人民，这个人类世界历史的创造者，为什么不应该歌颂呢？"见《毛泽东选集》第3卷，第873页。

[2] 《民众的大联合（一）》1919年7月21日，《毛泽东早期文稿》，湖南出版社1990年版，第339、341页。

大战而后，政治易位，法律改观。从前的政治法律，现在一点都不中用。以后的政治法律，不装在穿长衣的先生们的脑子里，而装在工人们农人们的脑子里。他们对于政治，要怎么办就怎么办。他们对于法律，要怎么定就怎么定。"① 这种说法虽然过于简单化，不那么准确，但是反映出他的思想的变化。他对时局的评论，进一步说明了他的思想变化："中国之乱，连亘八九年了。乱不足奇，乱而毫没有半点结果乃是大奇。社会的腐朽，民族的颓败，非有绝大努力，给他个连根拔起，不足以言摧陷廓清。这样的责任，乃全国人民的责任，不是少数官僚政客武人的责任。"② 挽救国家的危难，是全国人民的责任，不是少数人的责任，这与他对民众的大联合的呼唤，是很切近了。

从此以后，人民史观作为毛泽东的历史观的基本核心地位就建立起来了。在《论联合政府》一文中，毛泽东说："我们共产党人区别于其他任何政党的又一个显著的标志，就是和最广大的人民群众取得最密切的联系。全心全意地为人民服务，一刻也不脱离群众；一切从人民的利益出发，而不是从个人或小集团的利益出发；向人民负责和向党的领导机关负责的一致性；这些就是我们的出发点。"③ 为人民服务，从人民的利益出发，这是共产党人的出发点，也是共产党人的落脚点。除此而外，共产党人还有自己的利益吗？没有的。由此出发所制定的新民主主义革命的总路线，发动抗日民族统一战线，组织和动员人民战争的汪洋大海，制定新民主主义的政治纲领、经济纲领、文化纲领，建立人民民主专政的国家，建设社会主义的四个现代化，等等，都是以人民的利益为依归。

什么是人民？毛泽东在《关于正确处理人民内部矛盾的问题》一文中有具体的说明。他说："人民这个概念在不同的国家和各个国家

---

① 《释疑》1920 年 9 月 27 日，《毛泽东早期文稿》，湖南出版社 1990 年版，第 519 页。

② 《湖南人民的自决》1920 年 6 月 18 日，《毛泽东早期文稿》，湖南出版社 1990 年版，第 486 页。

③ 《毛泽东选集》第 3 卷，人民出版社 1991 年版，第 1094—1095 页。

的不同的历史时期，有着不同的内容。拿我国的情况来说，在抗日战争时期，一切抗日的阶级、阶层和社会集团都属于人民的范围，日本帝国主义、汉奸、亲日派都是人民的敌人。在解放战争时期，美帝国主义和它的走狗即官僚资产阶级、地主阶级以及代表这些阶级的国民党反动派，都是人民的敌人；一切反对这些敌人的阶级、阶层和社会集团，都属于人民的范围。在现阶段，在建设社会主义时期，一切赞成、拥护和参加社会主义建设事业的阶级、阶层和社会集团，都属于人民的范围；一切反抗社会主义革命和敌视、破坏社会主义建设的社会势力和社会集团，都是人民的敌人。"[1] 显然，这个人民，实际上占了全部人口的百分之九十以上。为占全部人口百分之九十以上的人民服务，一切纲领、路线、政策、主义，都从他们的利益出发，都要取得他们的满意与拥护，还有什么事情不能办成呢！

一切从人民出发的人民史观，对中国共产党的影响是深远的。党的十六大通过把"三个代表"重要思想与马克思列宁主义、毛泽东思想、邓小平理论一起作为党的指导思想，显然是人民史观在新的历史时期的延续。党的十八大以来正在全党进行的群众路线教育实践活动，习近平总书记强调的"江山就是人民，人民就是江山"[2]的理念，也是把人民史观作为最基本的立足点，这些与毛泽东思想都是一脉相承的。

（三）毛泽东如何运用唯物史观分析历史发展规律

唯物主义历史观是人们对历史认识的一种最一般的观念。通俗地说，唯物史观认为，有史以来的人类历史，是客观存在的，不是主观形态的；历史现象虽然千姿百态、纷繁复杂，却不是虚无缥缈

---

[1] 《关于正确处理人民内部矛盾的问题》，《毛泽东著作选读》下册，人民出版社1986年版，第757—758页。

[2] 习近平：《开展党史学习教育要突出重点》，《习近平谈治国理政》第四卷，外文出版社2022年6月，第512页。

的，人们虽然不能像自然科学那样在实验室里重复制造历史过程，但在掌握了尽可能多的历史资料以后，是可以对过往的历史过程加以描述、加以认识，并获得对往史的较为近真的影像的；历史现象虽乱如丝麻，却是可以理出头绪的，并且显示了一种由低级到高级的发展过程，而马克思、恩格斯指出的五种社会发展形态，则是对这一过程的最一般的描绘；人类的经济生活是社会生存的基本方式，社会依生产力的发展、前进而发展、前进，生产力和生产关系的矛盾运动推动着社会的前进，决定着人们依赖其中的社会政治、经济、阶级关系和文化从属的基本面貌；物质生产和精神生产（科学实验是物质生产和精神生产的综合反映）是社会运行的主要内容，物质生产的状况决定了精神生产的状况，劳动者是物质生产的主体，是决定历史前进方向的终极力量；人们（包括劳动群众和社会精英）创造了一定的历史环境，一定的历史环境反过来又决定了生活在其中的人们的面貌。在阶级社会中，生产力和生产关系的矛盾运动集中反映为阶级之间的斗争。这就是唯物史观告诉我们的基本东西。它所概括出来的人类社会发展的基本规律虽未穷尽真理，却指示了社会发展的一般方向及其未来。同时也应该说，它只是提出了社会发展的一般方向和未来走向，丝毫没有给出各地区各国家历史发展的具体方向。各地区各国家的社会历史发展的具体途径，依各地区各国家具体的历史环境去决定。

毛泽东是共产主义者。马克思主义者用历史唯物主义观察人类历史的发展，必然得出共产主义是人类历史发展的美妙的将来的结论。人类社会是一个历史发展的过程，随着物质生产的进步，社会由低级向高级发展。人类历史大体经历了原始社会、奴隶社会、封建社会、资本主义社会，还将发展到社会主义、共产主义社会。毛泽东在1940年驳斥反共顽固派的时候说："共产主义是无产阶级的整个思想体系，同时又是一种新的社会制度。这种思想体系和社会制度，是区别于任何别的思想体系和任何别的社会制度的，是自有人类历史以来，最完全最进步最革命最合理的。封建主义的思想体系和社会制度，是进了历史博物馆的东西了。资本主义的思想体系和社会制度，已有一部分进了博物馆（在苏联）；其余部分，也已'日薄西山，气息奄奄，人命危浅，朝不虑夕'，快进博物馆了。惟独共产主义的思想体系和社会制度，正以排山倒海之势，雷霆万钧之力，磅礴于全世界，而葆其美妙之青春。"① 就是到了共产主义社会，也不是一成不变了。共产主义社会也要分成许多阶段。"由社会主义过渡到共产主义是一场斗争，是一个革命。进到共产主义时代了，又一定会有很多很多的发展阶段，从这个阶段到那个阶段的关系是一种从量变到质变的关系。"②

歌颂共产主义，并不是要把共产主义以前的社会历史阶段加以否定。"现在看来，奴隶制度、封建制度、资本主义制度都不好，其实它们在历史上都曾经比原始公社制度要进步。这些制度开始时是进步的，但到后来就不行了，所以就有别的制度来代替了。"③ 这就是唯物主义历史观对待历史发展的辩证法。《共产党宣言》宣称共产主义制度一定要代替资本主义制度，但是称赞了资本主义制度创造了历史上空前的社会财富。一切反共的宣传家、理论家总是想尽一切办法诋毁、攻击共产主义的思想和社会制度。从这一点来说，马克思主义者比反共的宣传家要客观、冷静得多。

毛泽东观察社会历史，不像那些资本主义的辩护士那样声称资本主义是永恒的，他不认为历史是凝固的，是不再发展的，因此他不认为无产阶级专政是永恒的。他认为，阶级、国家、政党、无产阶级专政等，都是一定历史发展阶段的产物，在另一历史发展阶段，这些东西都是要消亡的。他说：

> 人到老年就要死亡，党也是这样。阶级消灭了，作为阶级斗争的工具的一切东西，政党和国家机器，将因其丧失作用，没有需要，逐步地衰亡下去，完结自己的历史使命，而走到更高级的人类社会。我们和资产阶级政党相反。他们怕说阶级的消灭，国

---

① 《毛泽东选集》第2卷，人民出版社1991年版，第686页。
② 《又红又专》，《毛泽东著作选读》下册，人民出版社1986年版，第804页。
③ 《关于中华人民共和国宪法草案》，《毛泽东著作选读》下册，人民出版社1986年版，第710页。

家权力的消灭和党的消灭。我们则公开声明，恰是为着促使这些东西的消灭而创设条件，而努力奋斗。共产党的领导和人民专政的国家权力，就是这样的条件。不承认这一条真理，就不是共产主义者。没有读过马克思列宁主义的刚才进党的青年同志们，也许还不懂得这一条真理。他们必须懂得这一条真理，才有正确的宇宙观。他们必须懂得，消灭阶级，消灭国家权力，消灭党，全人类都要走这一条路的，问题只是时间和条件。全世界共产主义者比资产阶级高明，他们懂得事物的生存和发展的规律，他们懂得辩证法，他们看得远些。资产阶级所以不欢迎这一条真理，是因为他们不愿意被人们推翻。①

他又说：

> 共产党和民主党派都是历史上发生的。凡是历史上发生的东西，都要在历史上消灭。……消灭就是那么不舒服？我看很舒服。共产党，无产阶级专政，哪一天不要了，我看实在好。我们的任务就是要促使它们消灭得早一点。这个道理，过去我们已经说过多次了。
>
> 但是，无产阶级政党和无产阶级专政，现在非有不可，而且非继续加强不可。否则，不能镇压反革命，不能抵抗帝国主义，不能建设社会主义，建设起来也不能巩固。②

阶级、国家、政党等历史上发生过的东西，将来在历史上都是要消灭的。现在的努力，是要为将来消灭这些东西创造条件。如果空谈消灭而不为它们将来的消灭创造条件，也不是共产主义者，不是马克思主义者。这是与资产阶级理论家和政治家在理论上的根本区别。美

---

① 《毛泽东选集》第 4 卷，人民出版社 1991 年版，第 1468—1469 页。
② 《论十大关系》，《毛泽东著作选读》下册，人民出版社 1986 年版，第 734 页。

国学者福山宣称历史的发展只有一条路，历史终结在西方的以自由市场经济为标志的民主制度，此后构成历史的基本原则和制度就不再变化了。这显然是历史唯心主义者对社会历史的典型看法，他们认为历史不是发展的，而是静止的，静止于他们认为最为理想的资本主义制度。

毛泽东关于社会历史发展规律的认识，是彻底的唯物主义者的认识。毛泽东的雄才伟略，正是建立在这种历史认识论基础上的。

二

从革命实践中总结经验教训，得出中国革命的规律性认识

毛泽东从接受马克思主义开始，一生主张学习马克思主义，一生都在革命实践中运用马克思主义，努力把马克思主义理论与中国革命实践相结合，不仅创造性地运用马克思主义，而且创造性地提出对中国革命实际问题的认识，创造性地总结革命实践的历史经验，得出中国革命的规律性认识。懂得不断从革命实践中总结经验教训，是奠定毛泽东具有雄才伟略所内含的基本素质。

有学者在微博上发表感想说，毛泽东的基本理念都停留在古代，这完全是毫无根据的话，是不尊重基本历史事实的话。无论是过去、现在、未来，毛泽东都不是一个旧时代的人物，他的思想都不是停留在古代。毛泽东主张并切实领导了反帝反封建的新民主主义革命，完全符合20世纪的时代潮流，这是旧时代的人物能够做到的吗？他坚信马克思主义、共产主义学说，并且在革命实践中努力贯彻，与中国的历史实际和革命实际相结合，极大地改变了中国的面貌，这是一个旧时代的人物可以做到的吗？他主张在新民主主义革命完成之后，把工作的重点从农村转移到城市，大力推进工业化和现代化，大力推动中国走上社会主义道路，努力在中国探索实现社会主义的方法，尽管有

错误，毕竟是在探索的方向上犯的错误，这是任何一个旧时代的人物可能做到的吗？这些是古代的思想理念吗？他主张阶级斗争，主张为人民服务，主张社会主义、共产主义，这是旧时代的人具有的理念吗？这些思想，在很长的时间里，都是最新的理论武器，是超越许多思想家的。

毛泽东设想新民主主义革命后，中国进入社会主义，他设想社会主义的前途是共产主义，他设想未来无产阶级专政的消亡、国家的消亡。这就是说，他的思想不仅可以指导过去，指导现在，还可以指导未来。怎么可以说他的基本理念停留在古代呢？他的一系列最新的思想观念，岂是古代人所能望其项背！

毛泽东的雄才伟略从哪里来？是从革命实践中来，从社会变革的伟大实践中来。毛泽东从投身革命斗争以来，就不断有意识地总结革命实践的经验教训，用马克思主义理论结合自己的实践来升华实践经验，上升为理论，再用这种升华后的理论来指导实践。所以，他能从胜利中吸取正确的经验，也能从失败中吸取教训。他比任何人都更懂得及时总结革命的经验教训，以指导未来。

（一）农民问题和枪杆子问题

农民问题，是国际共产主义运动没有解决好的重大问题。马克思、恩格斯以及列宁领导的无产阶级革命，重点都在城市，革命的主力是城市里的工人阶级。中国革命的领导阶级当然也是工人阶级，但是中国面临的实际情况是，中国不是一个工业国家。自晚清以来，中国从欧美国家引进了一些工业项目，帝国主义国家也在中国开设了一些工厂，中国的工人阶级人数还不多，力量还不大，中国毕竟还是一个农业国家，是一个被淹没在农民的汪洋大海里的国家。中国的封建地主阶级是封建统治阶级以及帝国主义势力坚实的社会基础。要进行反帝反封建的革命，就要推翻帝国主义、封建主义的社会基础。这个基础是很庞大的。不发动农民起来革命，这个基础是难以撼动的。国民革

二 从革命实践中总结经验教训，得出中国革命的规律性认识

命一开始，根据国际共产主义运动的经验，中共党内外普遍把工作重点放到城市，而忽略农村。毛泽东从广州农民运动讲习所和海陆丰农民运动的经验中认识到"农民问题乃国民革命的中心问题，农民不起来参加并拥护国民革命，国民革命不会成功；农民运动不赶速地做起来，农民问题不会解决；农民问题不在现在的革命运动中得到相当的解决，农民不会拥护这个革命"[1]。毛泽东从分析农村、农民在中国社会结构中的特殊地位来说明农民革命的重要性，从分析农民中各阶层的经济、政治地位来说明农民革命的动力和目标。这就从中国社会阶级结构的对比中说明了中国革命同盟军，离开了农民是寻找不到的。这个问题的阐明，对于打开人们的认识起到了重要的作用。他还在调查研究基础上写出了著名的《湖南农民运动考察报告》（以下简称《报告》），对大革命中的湖南农民运动的地位和作用作出了生动的分析。《报告》认为湖南农民在大革命中所做的十四件大事，都是革命的行动，是完成民主革命的措施。《报告》说农民革命"攻击的形势，简直是急风暴雨，顺之者存，违之者灭。其结果，把几千年封建地主的特权，打得个落花流水"，"孙中山先生致力国民革命凡四十年，所要做而没有做到的事，农民在几个月内做到了。这是四十年乃至几千年未曾成就过的奇勋。这是好得很"。《报告》提出共产党要极力领导农民从事政治斗争，推翻农村地主权力。他说："农村革命是农民阶级推翻封建地主阶级权力的革命。农民若不用极大的力量，决不能推翻几千年根深蒂固的地主权力。"《报告》还提出了要"推翻地主武装，建立农民武装"的著名论断。[2]

这个认识的取得，为大革命失败后，毛泽东毅然脱下长衫，率领农民武装上井冈山奠定了思想基础。1927年"四·一二"反革命政变的发生，南昌起义的失败，毛泽东从中总结出另一个重要的经验，即"政权是由枪杆子中取得的"。以上两点认识，为秋收起义和向井冈山进军，建立人民军队，建立革命根据地，做了充分的思想和理论准备。

---

[1] 《毛泽东文集》第1卷，人民出版社1999年版，第37页。
[2] 《毛泽东选集》第1卷，人民出版社1991年版，第15、17、18页。

这两点认识，在中共党内，他都是领先许多人的，而且在新民主主义革命的过程中是始终不渝的坚持者。当时的中共中央负责人瞿秋白在1927年八七会议后一次政治局常委会上说："我党有独立意见的要算泽东。"① 从进攻大城市转到向农村进军，这是中国人民革命历史中具有决定意义的新起点。这个革命的实践经验，是从中国革命的具体实践中取得的，它与国际共产主义的经验是不同的，为国际共产主义的发展开辟了一条新的道路。

农民问题，是毛泽东在革命实践中始终关注的问题，在理论上也作了一系列阐述：在1926年写的《中国社会各阶级的分析》中，有对自耕农、半自耕农和贫农的分析。在《湖南农民运动考察报告》中指出："革命是暴动，是一个阶级推翻一个阶级的暴烈的行动。农村革命是农民阶级推翻封建地主阶级的权力的革命。……没有贫农，便没有革命。若否认他们，便是否认革命。若打击他们，便是打击革命。他们的革命大方向始终没有错。"② 在1939年撰写的《中国革命和中国共产党》中，分析了中国革命的动力，他指出，贫农"是农村中的半无产阶级，是中国革命的最广大的动力，是无产阶级的天然的和最可靠的同盟者，是中国革命队伍的主力军。贫农和中农都只有在无产阶级的领导之下，才能得到解放；而无产阶级也只有和贫农、中农结成坚固的联盟，才能领导革命达到胜利"③。在1940年写的《新民主主义论》中，更明确指出："中国的革命实质上是农民革命，现在的抗日，实质上是农民的抗日。新民主主义的政治，实质上就是授权给农民。……因此农民问题，就成了中国革命的基本问题，农民的力量，是中国革命的主要力量。"④ 1945年在《论联合政府》的报告中，毛泽东特别说明："'耕者有其田'，是把土地从封建剥削者手里转移到农民手里，把封建地主的私有财产变为农民的私有财产，使农民从封

---

① 引自金冲及主编《毛泽东传（1893—1949）》，中央文献出版社1996年版，第144页。

② 《毛泽东选集》第1卷，人民出版社1991年版，第17—21页。

③ 《毛泽东选集》第2卷，人民出版社1991年版，第643页。

④ 同上书，第692页。

建的土地关系中获得解放,从而造成将农业国转变为工业国的可能性。"① 1948年,毛泽东又指出:"消灭封建制度,发展农业生产,就给发展工业生产,变农业国为工业国的任务奠定了基础,这就是新民主主义革命的最后目的。"② 以上有关农民问题的论述,就是中国农民的基本问题,就是中国革命的基本问题,就是中国社会的基本问题。取得这些认识,完全是不断总结中国革命实践经验,再加以马克思主义的分析的结果。

农民问题,在中国革命和建设的过程中,始终是毛泽东萦怀脑际的大问题。这个问题不仅与农村包围城市的中国革命道路直接相联系,也与农民阶级自身的改造与解放联系在一起。新中国建立前后,在中国大地上广泛开展的土地改革运动,就是要在农民问题、与农民切身利益直接相关的土地问题上彻底完成新民主主义革命的任务,把农民从封建土地所有制下解放出来,把原先占有土地的地主阶级转变成为自食其力的普通劳动者,彻底铲除封建势力的社会基础。老解放区、新解放区的土地改革,大大激发了农民保卫既得成果的热情,使他们成为支持人民解放战争、支持抗美援朝战争的雄厚力量,大大激发了广大农民跟随共产党走的信心和决心。

20世纪50年代,毛泽东直接推动农村互助合作运动和人民公社化运动,也是在农民问题上下很大功夫。土地改革,是把地主土地所有制转变成农民土地所有制,农民成为小土地所有者,成为小私有者。农村互助合作运动,说到底,是要防止分得了土地,成为自耕农的贫下中农中发生分化,产生土地出卖现象,分化出新的地主阶级和农民阶级,妨碍社会的进步。这是在更为深层次上解决封建制度的复辟问题。农村互助合作运动及其发展,也是在进一步解放农村劳动力,为中国的工业化和现代化提供庞大的劳动力来源,同时造成庞大的农村市场,形成中国工业化的市场出路问题。农村互助合作的终极目标,是要把大多数农民从农民阶级的身份中解放出来,造成工人阶级的后

---

① 《毛泽东选集》第3卷,人民出版社1991年版,第1074页。
② 《毛泽东选集》第4卷,人民出版社1991年版,第1316页。

备军，变成在现代化工业和现代化农业中从事工作的工人阶级。造成社会主义工业化的中国，就从根本上解决了中国的农民问题。

毛泽东在1949年中华人民共和国建立前夕，在纪念中国共产党成立30周年的时候，发表了名著《论人民民主专政》，提出了严重的问题是教育农民这样一个任务。他在文章中指出："农民的经济是分散的，根据苏联的经验，需要很长的时间和细心的工作，才能做到农业社会化。没有农业社会化，就没有全部的巩固的社会主义。农业社会化的步骤，必须和以国有企业为主体的强大的工业的发展相适应。人民民主专政的国家，必须有步骤地解决国家工业化的问题。"① 这是估计到了农民作为小生产者被改造成新式农民即工人的困难。农业合作运动中，农民既有积极参加的一面，也有小生产者自发抵抗的一面。毛泽东在最终解放农民这个大目标下，未能顾及困难的严重性，未能考虑物质条件是否成熟，在合作化走向人民公社化的过程中，产生急躁情绪，在这个探索中未能竟其全功。

（二）开辟农村革命根据地和农村包围城市的中国革命道路
——马克思主义与中国实际的第一次结合

1921年中国共产党成立，1922年加入共产国际，成为它的一个支部。中国共产党成立后，高举反帝反封建的革命大旗，把主要工作放在城市，发动城市工人罢工。但是在北洋军阀的武力镇压下，1923年工人运动陷入低潮。在共产国际的指示下，中国共产党转而与国民党合作，掀起国民革命的风暴，进行了北伐战争，占领了长江流域和黄河流域的大部分，将这场大革命推向高潮，这是中国共产党成立以来经历的第一次成功。此时共产党员从建党时的五十多人发展到近六万人。在战争节节胜利的情况下，蒋介石和汪精卫先后发动政变，叛变

---

① 《毛泽东选集》第4卷，人民出版社1991年版，第1477页。

二 从革命实践中总结经验教训，得出中国革命的规律性认识

革命，大肆逮捕屠杀共产党员和革命群众，国共合作的大革命失败，随之而来的是严酷的白色恐怖。

国共合作这样快破裂，中国共产党由于右倾机会主义的领导，没有在事先做好应对准备，也没有足够的精神准备。

国民党宣布共产党非法，党的组织只能秘密转入地下，遭受严重破坏。许多地方的党组织被打散了。一些不坚定的分子纷纷脱离党、团，报纸上经常可以看到他们的"悔过"启事，有的甚至带领敌人搜捕自己原来的同志。党员人数从大革命高潮时的近六万人急剧减少到一万多人。各地的工会和农民协会遭到查禁或解散。相当多的中间派人士在白色恐怖下同共产党拉开了距离。党内思想一时异常混乱，不知道革命应该向何处去。

革命由高潮进入低潮。许多人认为，共产党在这样沉重的打击下，面对着比自己力量大多少倍的敌人，大概已无法生存下去，再也翻不过身来了。在这样的生死关头，要一如既往地坚持自己的信念，是极不容易的。刚成立了六年的中国共产党经受住了这种考验。正如毛泽东在十多年后所说："中国共产党和中国人民并没有被吓倒，被征服，被杀绝。他们从地下爬起来，揩干净身上的血迹，掩埋好同伴的尸首，他们又继续战斗了。"①

一些坚定的、有骨气的革命者恰恰在这种极端危难的时刻义无反顾地参加到共产党的行列中来，如彭德怀、贺龙、徐特立等。许多工农群众重新集合在镰刀斧头的红旗下，凝聚成一股打不散的力量。

要想在中国推进革命事业，当时摆在中国共产党面前的路只有两条：或者是拿起武器，进行武装反抗；或者是迟疑犹豫，坐以待毙。除此以外，没有别的路可走。

南昌起义就是中国共产党领导下对国民党的第一次反击，是在极端危急的情况下挽救中国革命的壮举。起义军在众寡悬殊之下，最终失败。但留下两支部队：一支到达广东陆丰，同当地农军会合，创建海陆丰根据地；另一支在朱德、陈毅率领下，转战赣粤边界，在第二

---

① 《毛泽东选集》第3卷，人民出版社1991年版，第1036页。

年年初发动湘南起义,随后上井冈山同毛泽东领导的秋收起义队伍会合。南昌起义,在中国共产党历史上开辟了一个新的时期。李立三在起义两年后曾说:"南昌暴动在革命历史上有它的伟大意义。在广大群众没有出路的时候,全国树出新的革命中心,南昌暴动是很重要的时期。"① 中国共产党领导的人民军队,就是在这次起义中诞生的。这次起义也有深刻的教训。周恩来把它归结到一点,就是没有"就地闹革命"。

当时没有这样的思想也不奇怪。中国共产党还很年轻,在武装斗争方面原先参加过的只有广州东征和北伐那种以占领重要城市为目标的正规军作战,建立农村革命根据地这样的事情先前还不曾有过。人们总是容易根据自己原有的经验来处理新遇到的问题。通常总需要在实践中经过多次胜利和失败的反复比较,才能把原来不清楚的事情认识清楚。

毛泽东在中共八七会议上提出"枪杆子中出政权"的主张　在遭受大革命失败的严重挫折后,中国共产党内普遍要求清算并纠正过去的严重错误,决定新的路线和政策。南昌起义后六天,中共中央在汉口秘密召开紧急会议,这就是八七会议。会议旗帜鲜明地清算了中央在大革命后期的右倾错误,着重批评了以陈独秀为首的中共中央在同国民党关系上一味妥协退让,"没有想着武装工农的必要,没有想着造成真正革命的工农军队",这是右倾机会主义的错误。会上没有(当时也不可能)指出共产国际应负的主要责任。毛泽东在会上发言,从大革命失败的惨痛教训中,提出"枪杆子中出政权"的重要论断。他说:"对军事方面,从前我们骂中山专做军事运动,我们则恰恰相反,不做军事运动专做民众运动。蒋、唐都是拿枪杆子起的,我们独不管。现在虽已注意,但仍无坚决的概念。比如秋收暴动非军事不可,此次会议应重视此问题,新政治局的常委要更加坚强起来注意此问题。湖南这次失败,可说完全由于书生主观的错误,以后要非常注意军事。

---

① 李立三:《党史报告》,《中共党史报告选编》,中共中央党校出版社1982年版,第267页。

二 从革命实践中总结经验教训，得出中国革命的规律性认识

须知政权是由枪杆子中取得的。"①

八七会议确定了土地革命和武装反抗国民党反动派的总方针，通过了《最近农民斗争的决议案》提出了秋收农民总暴动的任务。它使原来正处在思想混乱和组织涣散中的中国共产党看到了新的出路，燃起新的希望，重新增加了凝聚力。

从领导秋收起义到井冈山斗争　八七会议一结束，毛泽东便以中央特派员身份到湖南领导秋收起义。他参加了在长沙市郊召开的湖南省委会议。会上，他就两个重要问题发表了意见。一个是暴动问题，他说："要发动暴动，单靠农民的力量是不行的，必须有一个军事的帮助。""我们党从前的错误，就是忽略了军事，现在应以百分之六十的精力注意军事运动。实行在枪杆上夺取政权，建设政权。"②另一个是土地问题。毛泽东在会上明确地指出，中国的大地主少，小地主多，只没收大地主的土地，不能满足农民的土地要求，要使广大农民和无产阶级并肩战斗，就必须没收整个地主阶级的土地交给农民。毛泽东主张，没收土地要由我们党制定一个土地政纲，具体办法由农民协会或革命委员会执行。毛泽东的意见和主张，指明了土地革命的对象是整个地主阶级，阐明了土地革命是无产阶级发动广大农民群众起来革命的重要手段。③

当时，在湘赣边界存在几支革命的武装力量：一支是共产党员卢德铭领导的警卫团；一支是农民自卫军；还有一支是准备起义的安源路矿工人武装。这几支武装的处境十分危险。在国民党当局加强镇压的紧急情况下，必须迅速决定进止，否则就会被全部消灭。中共湖南省委讨论确定秋收起义计划，成立以毛泽东为书记的前敌委员会。在起义初期，具体目标并不是建立农村革命根据地，仍是要进攻并夺取湖南省会长沙这样的中心城市。9月8日，省委下达关于夺取长沙的命令。

---

① 《毛泽东文集》第1卷，人民出版社1993年版，第47页。
② 《秋收起义》写作组：《秋收起义》，上海人民出版社1977年版，第13页。
③ 同上书，第12页。

9月9日，毛泽东负责领导的秋收起义爆发，人数约5000人，以攻取长沙为目标，兵分两路。开始一度占领醴陵、浏阳等地，由于敌人过于强大，无法攻取长沙。南昌起义和广州起义都是在城市内部起义，因为没有及时撤离或所在方向不对，而导致失败。而秋收起义是从农村进攻城市。毛泽东最初也是按中央、省委要求进攻长沙。当他发现原定计划无法实现时，立刻于9月14日在浏阳县文家市举行前敌委员会会议。毛泽东正确分析形势，总结经验教训，决定终止攻打长沙。9月19日，毛泽东主持前委在文家市讨论下一步行动，发生了激烈争论。

　　余洒度（后为叛徒）认为："当然是进嘛。应取浏阳，直攻长沙。""中央、省委不是要我们拿下长沙吗？我们怎能在长沙省城暴动未发生前就偃旗息鼓呢？"[1] 毛泽东提出相反意见："我主张退。我不赞成再打长沙。难道我们非拼到一兵一卒不成？"毛泽东提出："实在不行我们就上山，到这眉毛画得最浓的地方去当'山大王'，我们这个'山大王'是特殊的山大王，是共产党领导有主义、有政策、有办法的山大王，是革命的山大王，与历代的山大王不同。中国政治不统一，经济不统一，矛盾很多，我们找一个敌人统治薄弱的地方才能图发展。"[2] 前委多数同志赞成毛泽东的意见，决定退兵南下入江西，"退兵萍乡"。但具体往哪里走，毛泽东心中感到迷茫和困惑。当队伍走到莲花县，没有进入江西萍乡时，正好遇到三团团部何长工带着宋任穷要见毛泽东，并带来江西省委书记汪泽楷的密信，告知毛泽东共产党在江西宁冈县有几十支枪的农民武装力量。毛泽东喜出望外，与起初的想法不谋而合，继续向东前进。

　　作出转向乡村进军这样的决断需要很大勇气，因为这同中共中央原来的部署并不一致，不仅起义队伍内部有争议，自己也没有经验。但客观证明它是正确的。对初创时期的弱小革命军队来说，为了避免在力量不足时同优势的敌人决战，为了求得自身的生存和发展，唯一

---

[1] 余伯流、陈钢：《毛泽东与井冈山》，江西人民出版社2003年版，第21页。
[2] 同上书，第22页。

二 从革命实践中总结经验教训，得出中国革命的规律性认识

办法就是把进军方向转向农村，特别是转向几省交界的山区。毛泽东后来说过，不能撞南墙，遇到南墙，就要设法绕过去，就要想出新的办法。这就是实事求是的态度。

毛泽东带着部队沿湘赣边界南下。因为国民党方面的湘军战斗力强，赣军战斗力弱，工农革命军便沿江西一侧前进。9月底，来到江西永新县三湾村宿营。这里群山环抱，追敌已被摆脱，又没有地方反动武装，比较安全。部队在村里驻了五天，进行了著名的"三湾改编"。此时队伍只有700人。毛泽东说："同志们，敌人只是在我们后面放冷枪，这有什么了不起，大家都是娘生的，敌人有两只脚，我们也有两只脚，贺龙同志两把菜刀起家，现在当军长，我们有两营人，还怕干不起来吗？我们都是暴动出来的。一个人可以当敌人10个，10个人可以当敌人100个，我们现在有这样几百人的部队，还怕什么？……没有挫折失败，就不会有成功……"[①] 毛泽东的这番话，对当时部队恐慌失望情绪的转变，起了很大的作用。

"三湾改编"的主要内容是：第一，整顿组织。把已经不足一千人的部队，缩编为一个团，称工农革命军第一军第一师第一团，实际上只有两个营。部队中愿留则留，愿走的发给路费，将来愿回来的还欢迎。第二，在部队内部实行民主制度。官兵平等，待遇一样，官长不准打骂士兵，士兵有开会说话的自由。连以上建立士兵委员会，有很大的权力。第三，全军由党的前敌委员会统一领导。党支部建立在连队上。部队的一切重大问题，都必须经过党组织集体讨论决定。这三项措施开始改变旧式军队的习气和农民的自由散漫作风，是建设新型人民军队的重要开端。"三湾改编"从此确立党对军队领导的原则，工农革命军成为党独立领导的武装力量。

毛泽东率领部队从三湾来到宁冈后，认为井冈山是落脚的理想场所，并同井冈山的地方农民武装袁文才、王佐两部取得了联系。毛泽东召开前委扩大会议，讨论起义以来的经验教训，研究在井冈山建立根据地，以及如何团结改造王、袁队伍问题。毛泽东亲自同王、袁谈

---

① 谭政：《谭政军事文选》，解放军出版社2006年版，第754页。

话，商量合作事宜。袁文才是中共党员，王佐不是中共党员，但是袁文才和王佐很担心秋收起义的部队会占领他们的地盘，把他们给吞并掉。何长工回忆：当时工农革命军中"有人曾提议，解除他们的武装，把他们解决，他们那几十支枪，一包围缴械就完了"。毛泽东说：谈何容易，你们太狭隘了。我们不能采取大鱼吃小鱼的吞并政策，三山五岳的朋友很多呢！毛泽东说服了他们："不能只看到几十个人、几十杆枪的问题，是个政策问题；对他们只能用文，不能用武，要积极地争取改造他们，使他们变成跟我们一道走的真正革命武装。"① 接着毛泽东就率领秋收起义的部队，围着井冈山打圈圈，一边打土豪，一边整顿队伍，以便让袁文才和王佐进一步了解秋收起义的部队。毛泽东还派了三个教员去帮助袁、王的部队进行政治和军事训练。这一个月，袁、王慢慢跟毛泽东他们建立了一个比较友好的关系，也了解了秋收起义的部队，并不是要上山把他们给吃掉，然后占山为王，而是想跟他们联合起来。所以一个月以后，毛泽东才率领秋收起义的部队上了井冈山，跟袁、王的部队合在一起，在井冈山这个地方，建立了第一支中国共产党领导的农村根据地的武装。毛泽东后来谈起开辟农村包围城市道路的背景的时候，屡次都说那可是"逼上梁山"。

对毛泽东不进攻城市，退到井冈山，保存实力的做法，中共中央很不满，1928年3月批评毛泽东"行动太右""烧杀太少"，宣布撤了前敌委员会，实际上是撤销前敌委员会书记毛泽东之职，被开除出临时中央政治局候补委员，一度被误传成开除党籍。这是毛泽东第一次遭受政治上的打击。

三十年后，毛泽东回忆时感慨颇深："开除党籍了，又不能不安个职务，就让我当师长。我这个人当师长，就不那么能干，没有学过军事。因为你是个党外民主人士了，没有办法，我就当了一阵师长。你说开除党籍对于一个人是高兴呀，我就不相信，我就不高兴。……中央开除了我的党籍，这就不能过党的生活了，只能当师长，开支部

---

① 井冈山革命根据地党史资料征集编研协作小组、井冈山革命博物馆编：《井冈山革命根据地》下，中共党史资料出版社1987年版，第247页。

二 从革命实践中总结经验教训，得出中国革命的规律性认识

会我不能去。后来又说这是谣传，是开除出政治局，不是开除党籍。啊呀！我这才松了一口气！那个时候，给我安一个名字叫'枪杆子主义'，因为我说了一句'枪杆子里头出政权'。他们说政权哪里是枪杆子里头出来的呢？马克思没有讲过，书上没有那么一句现成的话，因此就说我犯错误，就封我一个'枪杆子主义'。的确，马克思没有这么讲过，但是马克思讲过'武装夺取政权'，我那个意思就是武装夺取政权，并不是讲步枪、机关枪那里跑出一个政权来……"① 这次毛泽东是做了一个多月的"党外民主人士"。

毛泽东上井冈山后，着重抓了三件事。第一，建党工作。他认定，如果没有一个坚强有力、齐心一致的共产党组织在当地民众中生根，成为团结群众的核心，无论军队也好、地方工作也好，都会松散无力，难以持久，甚至会迷失方向。所以，毛泽东把它看作一切工作的根本。三湾改编的一个重要内容便是规定军队要在党的领导下，并把支部建立在连上。接着，在井冈山周围各县相继恢复大革命失败后被打散了的党组织。第二，建立一支新型的人民军队。以往的革命武装大多来自旧军队或旧式农民武装这两种力量。这支新型人民军队的性质和需要跟它们都不同。这就有一个对原有队伍逐步改造的问题。能不能做到这一点，是革命成败的关键。这年十一月，由于国民党李宗仁和唐生智两集团之间的战争爆发，国民党军队主力从赣南北调，井冈山周围各县只留下一些地主武装靖卫团和挨户团，实力不强，井冈山的工农革命军攻克了茶陵县城，这是他们攻克的第一个县城。但是，军队在茶陵一个多月并没有做群众工作，每天的活动还只是三操两讲和两点名。军队没有在当地民众中生根，当国民党军队重新进攻时不能不退出茶陵。毛泽东总结了这次教训。明确提出革命军队应该担负起三大任务：一是打仗消灭敌人；二是打土豪筹款子；三是做群众工作。自古以来，人们总认为军队的任务就是打仗。军队的任务不只是打仗，而且要做群众工作，这是毛泽东提出的全新观念，它所产生的影响十分深远。第三，重视军民关系。老百姓是最看重实际的。过去，他们

---

① 《毛泽东文集》第7卷，人民出版社1999年版，第105页。

对旧军队的欺压民众和有些地方的土匪骚扰，历来是既害怕，又痛恨。他们刚接触工农革命军时，往往用同样的眼光来看待。这个问题不解决，工农革命军便无法接近群众。做不好群众工作，自身也无法存在。而要解决这个问题，只靠口头宣传是没有用的，根本的要靠让民众能实际看到工农革命军的行动表现。毛泽东归纳实际生活中遇到的问题，最初提出"三大纪律，六项注意"，后来发展为"三大纪律，八项注意"。工农革命军纪律严明，爱护百姓，不做损害群众利益的事，还在居住的地方尽可能帮助老百姓干活。从此，改变了工农革命军同群众的关系。这是工农革命军能够从小到大地发展起来并战胜敌人的重要力量源泉。

1928年4月，朱德率南昌起义余部，转战闽粤赣边界，经历艰难曲折，在毛部掩护下，率领万余人来到宁冈的龙江书院，与毛泽东会面。次日召开中国工农革命军第四军第一次代表大会（三支队伍兵力达1.1万余人）。这就是井冈山朱毛会师。

1928年7月，彭德怀、滕代远、黄公略领导了湖南平江起义，成立了中国工农红军第五军，遭到国民党军队的围追堵截，被迫转移。又接到湖南省委指示信："避免与敌人主力作战，并派一部向萍、安与朱毛联络。"经过短暂组织和整顿，终于12月上旬在莲花九都，与何长工领导的红四军接应部队会合，12月10日彭率部到宁冈新城。红四军和红五军胜利会师是继朱毛会师后又一次大会师，壮大了井冈山根据地的武装实力。

对于建立井冈山根据地，从主观条件来说，最根本是由于有了以毛泽东为代表的一大批坚持革命的共产党人，他们具有无比坚定的理想信念，立志救国救民的高度责任心，不畏强暴，不怕困难，不惧艰险的革命意志，这种精神是留给我们最宝贵的精神财富。与此同时，还要重视的一点，就是以毛泽东为代表的一大批共产党人善于斗争、善于胜利的谋略和胆识。

闽西、赣南革命根据地开辟了农村包围城市的基本格局 井冈山地区人口少，回旋余地不大。开辟赣南、闽西二十余县成为革命根据地，人口较多，后勤补给较为容易。在这里进行了军队建设、党的建设、政权建设、社会建设；召开了红军第四军第九次党代表大会，通过了著名的古田会议决议；在各地发展党的组织；在闽西各县召开各界代表大会，建立了县革命委员会，组成根据地红色革命政权，还成立了农民协会、总工会等组织；在赣南兴国县制定了《兴国土地法》，为以后中央革命根据地的创建奠定了基础，也孕育着"农村包围城市，武装夺取政权"这条正确路线的萌芽。

1929年12月通过的古田会议决议指出，红军是一个执行革命的政治任务的武装集团，必须坚决贯彻中国共产党的纲领、路线、方针和政策，完全服务于人民革命斗争、根据地建设和土地革命；决议确立党对红军实行绝对领导的原则，规定红军中必须健全各级党的组织，实行政治委员制度，反对以任何借口来削弱党对红军的领导。党的各级会议都必须讨论军事工作，厉行集中指导下的民主，"少数人在自己的意见被否决之后，必须拥护多数人所通过的决议。除必要时在下一次会议再提出讨论外，不得在行动上有任何反对的表示"。党内要正确开展批评与自我批评，无论担任什么军职的党员干部，都应该参加党的会议，报告工作，接受党组织的监督；决议明确规定了红军中政治机关和政治工作的地位：指出红军的政治机关与军事机关在前委领导下平行执行各自担负的工作；政治训练及群众工作事项，军事系统应接受政治系统的指挥；作战方面，政治系统应接受军事系统的指挥。在没有建立政权机关的地方，由政治部代替当地政权机关的工作，如负责宣传群众、组织群众、建设政权等；决议强调在红军内部加强思想政治教育，对红军不断进行马克思主义和党的正确路线教育，是克服各种非无产阶级思想，提高军队政治素质，完成无产阶级政治任务的中心环节；决议规定坚持官兵平等、实行民主主义制度，官兵之间只有职务的不同，没有阶级的分别。在军政关系上，要求红军指战员严格尊重人民政权机关，巩固它在群众中的威信。在军民关系上，要求红军严格执行"三大纪律"和"六项注意"，同人民群众打成一片。在对敌军的工作上，要求在坚决消灭一切敢于顽抗的敌人的同时，实行瓦解敌军和宽待俘虏的政策。

古田会议决议是中国共产党建党和建军历史上一个纲领性文献。

它系统地解决了以农民为主要成分的军队如何建设成无产阶级领导的新型人民军队这个根本性问题。建设这样一支军队是中国过去历史上不曾有过的，也是外国不曾有过的。

解决建党、建军的原则问题，还需要解决革命根据地的巩固和发展问题。解决这个问题，首先要解决是否需要巩固革命根据地的问题。当时在红军中，有一种是否需要根据地，或者根据地是否能够巩固的疑问。红军第一纵队司令员林彪给毛泽东的信中提出了"全国范围的、包括一切地方的、先争取群众后建立政权的理论"，表达了对建立革命根据地的怀疑。毛泽东借回信，思考了建立巩固革命根据地的可能性和必要性。毛泽东指出这种怀疑是没有建立红色政权的深刻观念，似乎认为只要来一次全国性的武装起义，革命高潮就可以到来。产生这种认识的根源，主要是没有认识清楚中国是一个许多帝国主义国家互相争夺的半殖民地。毛泽东说：如果认识了这一点：一、就会知道全世界何以只有中国有这种统治阶级内部互相长期混战的怪事，何以始终不能有一个统一的政权。二、就会明白农民问题的严重性，就会明白农村起义何以有现在这样的全国规模的发展。三、就会明白工农民主政权这个口号的正确。四、就会明白红军和游击队的存在和发展，以及成长于四周白色政权中的小块红色区域的存在和发展。五、就会明白红军、游击队和红色区域的建立和发展，是半殖民地中国在无产阶级领导之下的农民斗争的最高形式，和半殖民地农民斗争的必然结果；并且无疑义的是促进全国革命高潮的最重要因素。六、就会明白单纯的流动游击政策，不能完成促进全国革命高潮的任务，只有有根据地的、有计划地建设政权的、深入土地革命的、扩大人民武装的路线，才是正确的。①

毛泽东在这一时期的几篇著作，包括《中国的红色政权为什么能够存在？》《井冈山的斗争》《星星之火，可以燎原》，把武装斗争、土地革命和根据地建设紧密结合起来，提出了工农武装割据的思想。武装斗争是中国革命的主要形式，没有革命的武装斗争，就不能有效地

---

① 《毛泽东选集》第1卷，人民出版社1991年版，第98页。

开展土地革命，也不能建立和发展革命根据地。土地革命是中国民主革命的基本内容，没有土地革命，就不能充分地发动农民，红军战争就得不到广大群众的支持，根据地也就不能巩固和发展。根据地是中国民主革命的阵地，不建设根据地，武装斗争就没有后方的依托而将陷于失败，土地革命的成果也无法保持。三者相辅相成，缺一不可。

阐述建立巩固革命根据地的思想，对于党和红军极为重要。它帮助根据地的党和红军确立在白色政权包围下建立根据地红色政权的深刻观念，从而把更大的精力投入开辟和巩固赣南闽西革命根据地的工作中去，积蓄革命力量，波浪式地推进根据地，逐步形成"农村包围城市，武装夺取政权"的新格局。树立这样的深刻观念，对以后中央革命根据地的建设和四次反"围剿"的胜利，对中国革命能在符合本国实际国情的条件下胜利发展，奠定了思想基础。

正是因为有了赣南、闽西革命根据地的巩固和发展，才使得在上海不能立足的"左"倾中央在根据地有了落脚之地，使中央革命根据地的建立有了可靠的基地。1930年12月到1931年9月，在毛泽东指挥下，克服了"左"倾中央的干扰，中央革命根据地取得了对蒋介石三次"围剿"的胜利，使得红军受到了大规模真正的锻炼，积累了作战经验，形成了一整套战略战术。

金冲及主编的《毛泽东传（1893—1949）》在总结三次反"围剿"胜利时说："到这个时候，毛泽东关于以'农村为中心'实行'工农武装割据'的各方面的具体路线都已大体形成，从而把中央'八七'会议确定的实行土地革命和武装反抗国民党反动派的总方针具体化。从红军的建军思想和作战原则，土地改革的政策，根据地建设的方针，到实事求是、群众路线、独立自主的思想路线，毛泽东都已提出明确而系统的、切合中国实际的主张。这是他以马克思列宁主义为指导，在中国社会的复杂环境中，严格遵循从实际出发的原则，坚持在实践中顽强探索的成果。终于开辟了'农村包围城市，武装夺取政权'这条中国革命的成功之路。"①

（三）中国革命分两步走
——新民主主义革命理论问题

　　1921年中国共产党成立以来，经过了一系列艰苦卓绝的斗争，搞过工人运动，搞过农民运动，搞过学生运动，搞过中心城市的起义，犯过右倾机会主义错误，也犯过"左"倾错误，但是，如何把马克思主义理论与中国历史实际和革命实际结合起来，形成一整套中国革命的理论体系，来认识中国革命的性质和前途，还是一个有待总结的问题。那时候，有王明从莫斯科带回来的共产国际的主张，有托陈取消派的主张，有孙中山去世后国民党各派系的三民主义主张。中共中央领导层对民主主义革命和社会主义革命的区别与联系的认识也不是很清楚。

　　进入抗战时期，国民党集中宣传"三民主义"，鼓吹"一个主义""一个政党""一个领袖"。国民党的理论宣传家叶青宣传国民党以外的其他政党"没有独立存在的理由"②。蒋介石强调靠国民党"以党治国""以党建国"。还有人宣传"中国有了三民主义就够了，用不着社会主义"，认为共产主义"不合于中国的历史道路"③。

　　1939年年底到1940年年初，毛泽东撰写了三篇重要理论文章：《〈共产党人〉发刊词》《中国革命和中国共产党》《新民主主义论》，

---

　　① 金冲及主编：《毛泽东传（1893—1949）》，中央文献出版社1996年版，第267页。

　　② 叶青：《关于政治党派》，《扫荡报》1938年1月22日，转引自中共中央党史研究室《中国共产党历史（1921—1949）》第1卷下册，中共党史出版社2011年版，第555页。

　　③ 张君劢：《致毛泽东先生的一封公开信》，《再生》第10期，1938年12月16日。转引自中共中央党史研究室《中国共产党历史（1921—1949）》第1卷下册，中共党史出版社2011年版，第555页。

二 从革命实践中总结经验教训，得出中国革命的规律性认识

来阐述有关新民主主义革命理论等一系列重大问题。

毛泽东指出，要认清中国革命的性质和革命的前途，首先要认识中国社会的性质。他说："自从一八四〇年的鸦片战争以后，中国一步一步地变成了一个半殖民地半封建的社会。"①"帝国主义列强侵略中国，在一方面促使中国封建社会解体，促使中国发生了资本主义因素，把一个封建社会变成一个半封建的社会；但是在另一方面，它们又残酷地统治了中国，把一个独立的中国变成了一个半殖民地和殖民地的中国。"② 这是对于近代中国社会性质最经典的表述。

判断人类历史上某一阶段的社会性质，是一个马克思主义的命题。最早提出中国近代社会性质的是列宁。列宁从帝国主义时代特点出发，提出了殖民地和半殖民地理论。③ 早在1912年和1919年间，列宁就在自己的文章中分别提到中国是半封建的国家和半殖民地国家，他是从过渡阶段的社会这样的角度分别提到这两个"半"的，但未作论证。中国人接受这样的观点，是在中国共产党成立之后。④ 1922年7月，在中共二大通过的《关于"国际帝国主义与中国和中国共产党"的决议案》和《关于议会行动的决议案》，已经开始出现"半殖民地"概念。同年9月，蔡和森在《统一、借债与国民党》和《武力统一与联省自治——军阀专政与军阀割据》等文章中，明确地使用了"半殖民地""半封建"概念来说明中国社会的性质。在此前后，陈独秀、蔡和森、邓中夏、萧楚女、李大钊、罗亦农等均明确认识到中国是半殖民地社会。1926年，蔡和森在《中国共产党史的发展（提纲）》中提到"半殖民地和半封建的中国"，"半封建半殖民地的国家"，是目前所能查考到的最早将两"半"概念联结起来的完整表述。中共中央在

---

① 《毛泽东选集》第2卷，人民出版社1991年版，第626页。
② 同上书，第630页。
③ 参见赵德馨《列宁关于半殖民地半封建社会的学说》，《青海社会科学》1984年第4期。
④ 孙中山讲过中国是"次殖民地"，认为"次殖民地"的地位比殖民地的印度还不如，这是对殖民地理论的误解。

自己的文件中正式提出完整的半殖民地半封建概念，是在1929年2月的《中央通告第二十八号——农民运动的策略》中，那是在中共六大以后。① 与此同时，中国的思想理论界还爆发了一场关于中国社会性质问题的大论战。一些在马克思列宁主义指导下做研究工作的理论工作者，以新思潮派为代表，与中国托派的动力派和国民党学者新生命派，进行了长期的理论斗争，对中国社会性质和革命性质问题进行了严肃思考和理论创造。

毛泽东在1938—1940年连续发表《战争和战略问题》《中国革命和中国共产党》《新民主主义论》等指导性论著中，系统地、科学地、正确地解决了中国的社会性质问题。

毛泽东不止一次强调指出：只有认清中国社会的性质，才能认清中国革命的对象、中国革命的任务、中国革命的动力、中国革命的性质、中国革命的前途和转变。总之，认清中国的社会性质问题，才能解决近代中国历史发展的基本规律问题。

毛泽东和中国共产党人在中国民主革命的关键时刻，在准确判断中国社会的性质的前提下，提出了新民主主义革命的完整理论。这个理论，概括来说就是：现时进行的革命是在半殖民地半封建社会里，人民大众的反帝反封建的革命，这种革命已经不是孙中山所领导的旧式的民主主义革命，而是新式的民主主义革命，是新民主主义革命，这个革命的性质仍是资产阶级民主主义革命，因为它要完成的任务是资产阶级民主主义革命的任务，但是这个革命的领导者已经不是资产阶级而是无产阶级，革命的前途不是资本主义，而是争取转变为社会主义。资产阶级领导的革命已经失败了，历史证明他们不可能把民主主义革命引向胜利，把这个革命引向胜利的只能是无产阶级领导的人民大众的反帝反封建的革命，只能是新民主主义革命。

---

① 相关研究成果可参见陈金龙《"半殖民地半封建"概念形成过程考析》，《近代史研究》1996年第4期；陶季邑《关于"半殖民地半封建"概念的首次使用问题》，《近代史研究》1998年第6期；李洪岩《半殖民地半封建理论的来龙去脉》，《中国社会科学院近代史研究所青年学术论坛》2003年卷，社会科学文献出版社2005年版。

二 从革命实践中总结经验教训，得出中国革命的规律性认识

毛泽东下面两段话把这个问题讲得很清楚：

> 这种新式的民主革命，虽然在一方面是替资本主义扫清道路，但在另一方面又是替社会主义创造前提。中国现时的革命阶段，是为了终结殖民地、半殖民地、半封建社会和建立社会主义社会之间的一个过渡的阶段，是一个新民主主义的革命过程。这个过程是从第一次世界大战和俄国十月革命之后才发生的，在中国则是从一九一九年五四运动开始的。所谓新民主主义的革命，就是在无产阶级领导之下的人民大众的反帝反封建的革命。中国的社会必须经过这个革命，才能进一步发展到社会主义的社会去，否则是不可能的。①

> 中国共产党领导的整个中国革命运动，是包括民主主义革命和社会主义革命两个阶段在内的全部革命运动；这是两个性质不同的革命过程，只有完成了前一个革命过程才有可能去完成后一个革命过程。民主主义革命是社会主义革命的必要准备，社会主义革命是民主主义革命的必然趋势。而一切共产主义者的最后目的，则是在于力争社会主义社会和共产主义社会的最后的完成。只有认清民主主义革命和社会主义革命的区别，同时又认清二者的联系，才能正确地领导中国革命。②

这就是中国革命要分两步走的著名理论。

完成新民主主义革命，就是要为资本主义的发展扫清障碍，为社会主义革命创造物质条件。革命是为了解放生产力，不仅社会主义革命是为了解放生产力、发展生产力，中国新民主主义革命（中国式的资产阶级民主革命）也是为了从帝国主义、封建势力束缚下的落后的生产力得到解放，"改变买办的封建的生产关系，解放被束缚的生产

---

① 《毛泽东选集》第 2 卷，人民出版社 1991 年版，第 647 页。
② 同上书，第 651—652 页。

力"①，使中国走上工业化的道路。但是由于中国经济的落后，新民主主义经济并不是一般地反对资本主义，而是反对殖民地、半殖民地半封建的经济，容许资本主义经济（操纵国民生计的除外）有一定程度的发展。毛泽东说："有些人怀疑中国共产党人不赞成发展个性，不赞成发展私人资本主义，不赞成保护私有财产，其实是不对的。民族压迫和封建压迫残酷地束缚着中国人民的个性发展，束缚着私人资本主义的发展和破坏着广大人民的财产。我们主张的新民主主义制度的任务，则正是解除这些束缚和停止这种破坏，保障广大人民能够自由发展其在共同生活中的个性，能够自由发展那些不是'操纵国民生计'而是有益于国民生计的私人资本主义经济，保障一切正当的私有财产。"② 他解释说："有些人不了解共产党人为什么不但不怕资本主义，反而在一定的条件下提倡它的发展。我们的回答是这样简单：拿资本主义的某种发展去代替外国帝国主义和本国封建主义的压迫，不但是一个进步，而且是一个不可避免的过程。它不但有利于资产阶级，同时也有利于无产阶级，或者说更有利于无产阶级。现在的中国是多了一个外国的帝国主义和一个本国的封建主义，而不是多了一个本国的资本主义，相反地，我们的资本主义是太少了。"③ 这样的设计，正是根据马克思主义关于社会发展规律的认识，根据历史唯物主义的基本原理作指导的。

  以毛泽东为主要代表的中国共产党人创立的新民主主义理论，是马克思主义基本原理同中国具体实际相结合的理论成果。新民主主义理论科学地分析了中国的社会性质、中国革命的历史特点和中国革命发展的基本规律，讲清楚了民主主义革命与社会主义革命的区别和联系，明确了中国革命的目前措施和将来前途，在国际共产主义运动历史上第一次把民主革命区别为旧民主主义革命和新民主主义革命，建立起新民主主义革命与社会主义革命之间的联系，使新民主主义革命

---

① 《毛泽东选集》第4卷，人民出版社1991年版，第1254页。
② 《毛泽东选集》第3卷，人民出版社1991年版，第1058页。
③ 同上书，第1060页。

的理论、路线和相应的基本政策形成了完整的体系。新民主主义理论的系统阐明,标志着毛泽东思想达到成熟。这个理论从思想上武装了中国共产党人,使他们极大增强了领导新民主主义革命的自觉性,也使他们明确了完成新民主主义革命不是目的,目的是要把新民主主义革命的成果转变到社会主义道路上去,要为将来的共产主义而奋斗。

(四)中国的工业化和现代化问题

在指导新民主主义革命的漫漫征途中,毛泽东十分强调农民的地位和作用。毛泽东说过,中国的革命,本质上是农民的革命。但是革命的目的是要谋求国家的独立、民主、自由和富强;革命的目的不是要使中国停留在农业社会。革命的目的是要使农业的中国转变为工业的中国。

延安时期,1944年8月毛泽东与秦邦宪有过一次十分有趣的通信,讨论中国农村家庭,并进而讨论革命的目的以及中国现代化道路的问题。毛泽东给秦邦宪的信中说:"……民主革命的中心目的就是从侵略者、地主、买办手下解放农民,建立近代工业社会。……农民的家庭是必然要破坏的,进军队进工厂就是一个大破坏,就是纷纷'走出家庭'。……所以,根本否定五四口号,根本反对走出家庭,是不应该也不可能的。""此外,新民主主义社会的基础是工厂(社会生产,公营的与私营的)与合作社(变工队在内),不是分散的个体经济。分散的个体经济——家庭农业与家庭手工业是封建社会的基础,不是民主社会(旧民主、新民主、社会主义,一概在内)的基础,这是马克思主义区别于民粹主义的地方。简单言之,新民主主义社会的基础是机器,不是手工。我们现在还没有获得机器,所以我们还没有胜利。如果我们永远不能获得机器,我们就永远不能胜利,我们就要灭亡。现在的农村是暂时的根据地,不是也不能是整个中国民主社会的主要基础。由农业基础到工业基础，正是我们革命的任务。"① 这样的讨论在正式的文件和论文中并不多见。但这是非常重要的讨论。这次通信的时间是在1944年，还在抗日战争的艰苦岁月。看来，毛泽东的眼光永远向着前方，他在追求未来的目标。

从历史发展规律的观点出发，毛泽东和中国共产党人不仅提出了完整的新民主主义革命的理论和实施步骤，提出了社会主义革命的前途，而且明确认识到：我们现在的革命根据地在农村，这是暂时的现象，我们长远的根据地是在城市，是在工业化，是在现代化。小农经济作为封建经济的基础在革命的过程中，在争取社会主义前途的时候，是不能长久保存的，小农经济状态下的农村家庭是不能长期维持的。社会主义要以工业化和现代化作为自己经济的基础。任何试图维持或者不破坏小农经济和小农经济状态下的农村家庭的想法，都是民粹主义的想法，与以工业化、现代化为基础的社会主义制度、体系是不相容的。

1945年，毛泽东在中国共产党第七次全国代表大会作《论联合政府》的报告，他预言："将来还要有几千万农民进入城市，进入工厂。如果中国需要建设强大的民族工业，建设很多的近代的大城市，就要有一个变农村人口为城市人口的长过程。"② 他再次提出中国工业化道路问题："在新民主主义的政治条件获得之后，中国人民及其政府必须采取切实的步骤，在若干年内逐步地建立重工业和轻工业，使中国由农业国变为工业国。新民主主义的国家，如无巩固的经济做它的基础，如无进步的比较现时发达得多的农业，如无大规模的在全国经济比重上占极大优势的工业以及与此相适应的交通、贸易、金融等事业做它的基础，是不能巩固的。"③ 这些关于中国现代化道路的十分准确的设计和对中国现代化前景的科学的预测，今天的中国正在经历着这样的过程，验证了这些预言的正确性，历史事实证明这是科学的预言，

---

① 中共中央文献研究室编：《致秦邦宪》，《毛泽东书信选集》，人民出版社1983年版，第237—239页。

② 《毛泽东选集》第3卷，人民出版社1991年版，第1077页。

③ 同上书，第1081页。

二　从革命实践中总结经验教训，得出中国革命的规律性认识

这是一个伟大的马克思主义者依据人类社会发展的规律所作出的科学的预言。

对于发展中国的工业化，实现中国的现代化，就是发展中国的新生产力，不论是在新民主主义阶段，还是在社会主义阶段，毛泽东都是很清楚的。1944年在延安，毛泽东就强调指出："共产党是要努力于中国的工业化的"，他说，"老百姓拥护共产党，是因为我们代表了民族与人民的要求。但是，如果我们不能解决经济问题，如果我们不能建立新式工业，如果我们不能发展生产力，老百姓就不一定拥护我们。"① 这是把是否实现中国的工业化，作为老百姓拥护不拥护的政治问题提出来的。1954年，毛泽东号召："准备在几个五年计划之内，将我们现在这样一个经济上文化上落后的国家，建设成为一个工业化的具有高度现代文化程度的伟大的国家。"② 1956年，毛泽东指出："社会主义革命的目的是为了解放生产力。农业和手工业由个体所有制变为社会主义的集体所有制，私营工商业由资本主义所有制变为社会主义所有制，必然使生产力大大地获得解放。这样就为大大地发展工业和农业的生产创造了社会条件。"③ 1963年，毛泽东又说："我们必须打破常规，尽量采用先进技术，在一个不太长的历史时期内，把我国建设成为一个社会主义的现代化的强国。"④ 毛泽东于1954—1964年所说的话，与1944年说的话，所处的历史背景不一样，时代条件不一样，但强调解放生产力，强调中国的工业化、现代化，是一样的，因为在历史发展规律的认识上，在唯物主义历史观的指导思想上是一致的。针对这一点，毛泽东特别指出："中国一切政党的政策及其实践在中国人民中所表现的作用的好坏、大小，归根到底，看它对于中国人民的生产力的发展是否有帮助及其帮助之大小，看它是束缚生产

---

① 《毛泽东文集》第3卷，人民出版社1996年版，第146、147页。

② 《为建设一个伟大的社会主义国家而奋斗》，《毛泽东著作选读》下册，人民出版社1986年版，第715页。

③ 《社会主义革命的目的是解放生产力》，《毛泽东著作选读》下册，第717页。

④ 《把我国建设成为社会主义的现代化强国》，《毛泽东著作选读》下册，第849页。

力的,还是解放生产力的。"①《论联合政府》一文不仅代表中国共产党向全国人民宣示了自己在历史新时期的思想理论和方针政策,而且是说给当时国内所有党派首先是中国国民党听的。它把是否帮助中国人民发展生产力当作衡量中国政治舞台上所有政党和政治派别作用的基本准则。这是把唯物史观应用于中国政党作用的十分典型、十分贴切的分析。这是检验中国所有政党作用的试金石。这个论点至今仍未过时,在政党存在的年代里都不会过时。

那些认为毛泽东的思想停留在古代的人,面对这些铁的历史事实,将作何解释呢?!

---

① 《毛泽东选集》第3卷,人民出版社1991年版,第1079页。

三

抗日战争中的战略选择

——阶级矛盾和民族矛盾的转换

1931年九一八事变之后,日本侵略中国的步伐逐步加快。然而,蒋介石奉行"攘外必先安内"的政策,同日本妥协,加紧对共产党、红军和苏维埃根据地的"围剿"。在毛泽东、朱德的指挥下,顺利地打退了国民党的前三次"围剿"。在周恩来、朱德等的指挥下,也顺利地粉碎了国民党的第四次"围剿"。由于临时中央撤销了毛泽东的军事领导职务,在博古、李德等人的错误指挥,导致第五次反"围剿"失败,在撤退中又犯了"逃跑主义"错误,给红军造成了巨大的损失。遵义会议之后,中共中央领导机构改组,开始逐步形成了以毛泽东为首的正确领导,红军转危为安。1935年11月,刚刚到达陕北的中共中央发布《为日本帝国主义吞并华北及蒋介石出卖华北出卖中国宣言》,宣言发出倡议,愿同"一切抗日反蒋的中国人民与武装队伍"联合反抗日本帝国主义的侵略。这个宣言表示了在民族矛盾当前,中共在十年内战时期的基本路线可能发生转变。

1935年12月,中共在陕北瓦窑堡召开政治局扩大会议,会议主要分析了华北事变后国内阶级关系的新变化,讨论了关于建立抗日民族统一战线、建立抗日联军和国防政府等问题，批判了党内长期存在着的那种认为不可能争取民族资产阶级与中国工人、农民联合抗日的"左"倾关门主义的观点。会议通过了毛泽东为会议起草的《中央关于军事战略问题的决议》，制定了以坚决的民族战争反对日本帝国主义的进攻，把国内战争同民族战争结合起来的战略方针。决议要求党的策略的总路线就是发动、团结与组织全中国全民族一切革命力量去反对当前的主要敌人日本帝国主义与蒋介石。最广泛的反日民族统一战线不仅应当是下层的，而且也应当包括上层的。毛泽东又根据这次会议的精神，作了《论反对日本帝国主义的策略》的报告。报告精辟地分析了民族资产阶级的两面性和利用地主买办营垒内部矛盾的可能性，尖锐地批评了"左"倾关门主义的错误。会议决议和毛泽东的报告，转变了中国共产党八七会议以来对中国阶级分析的偏差，不再把民族资产阶级当成"最危险的敌人"，而是当作反帝反封建的同盟者。

（一）抗日战争时期中国的主要矛盾

国内主要矛盾的变化 抗日战争时期，中国国内的主要矛盾发生了变化。这主要是指从国民大革命失败以后，以蒋介石为代表的国民党，为维护大地主大资产阶级的利益，对中国共产党和中国工农红军展开了"围剿"，同时在农村和城市实行代表大地主大资产阶级利益的政策。以国共两党为代表的不同阶级之间的矛盾是中国社会的主要矛盾。但是在抗日战争时期，中日之间的民族矛盾变成了中国国内最主要的矛盾。

如何认识九一八事变至抗战全面爆发中国社会矛盾变化的问题，即中日民族矛盾上升为中国社会最主要矛盾的标志性事件这一问题，学术界有一些不同的看法。有学者认为应把九一八事变看作标志性事件，有的认为是华北事变，还有学者认为应以西安事变为标志，更有学者提出应当以卢沟桥事变为标志等。九一八事变后，中日民族矛盾上升，国内阶级矛盾也在不断加剧和进一步激化。华北事变后，民族矛盾继续上升，阶级矛盾有所缓和并开始下降。但此时，民族矛盾的分量还没有超过阶级矛盾，到西安事变前，阶级矛盾仍然是中国社会的主要矛盾。西安事变是中国社会矛盾的转折点，中日之间的民族矛盾超过国内阶级矛盾成为中国社会的主要矛盾。卢沟桥事变的爆发及全民族抗战的发动，成为民族矛盾上升为主要矛盾的突出标志。抗日战争时期，中日之间的民族矛盾始终是中国社会的主要矛盾，其他矛盾都处于次要的和服从的地位。[①]

毛泽东对中国国内主要矛盾的判断 毛泽东对于中国国内主要矛盾变化的认识体现在他的《论反对日本帝国主义的策略》中。他明确指出："一九二二年美国召集的华盛顿九国会议签订了一个公约，又使中国回复到几个帝国主义国家共同支配的局面。但是没有很久，这种情况又起了变化。一九三一年九月十八日的事变，开始了变中国为日本殖民地的阶段。只是日本侵略的范围暂时还限于东北四省，就使人们觉得似乎日本帝国主义者不一定再前进了的样子。今天不同了，日本帝国主义者已经显示他们要向中国本部前进了，他们要占领全中国。现在是日本帝国主义要把整个中国从几个帝国主义国家都有份的半殖民地状态改变为日本独占的殖民地状态。最近的冀东事变和外交谈判，显示了这个方向，威胁到了全国人民的生存。"[②]

日本帝国主义侵略中国，是要灭亡全中国，是要把中国变成它的殖民地。亡国灭种是抗日战争时期中国面临的主要问题。中国社会主要矛盾的变化就是立足于这一现实。如何分析这一社会现实，毛泽东1937年8月写作的《矛盾论》等著作中从理论上作了分析。

毛泽东运用马克思主义的立场、观点和方法，在《矛盾论》等一系列著作中提出了"主要的矛盾和主要的矛盾方面"的理论。他说："在复杂的事物的发展过程中，有许多的矛盾存在，其中必有一种是

---

① 刘培平：《论九一八事变后中国社会的主要矛盾》，《文史哲》1996年第5期。

② 《毛泽东选集》第1卷，人民出版社1991年版，第143页。

主要的矛盾，由于它的存在和发展规定或影响着其他矛盾的存在和发展。""半殖民地的国家如中国，其主要矛盾和非主要矛盾的关系呈现着复杂的情况。当着帝国主义向这种国家举行侵略战争的时候，这种国家的内部各阶级，除开一些叛国分子以外，能够暂时地团结起来举行民族战争去反对帝国主义。这时，帝国主义和这种国家之间的矛盾成为主要的矛盾，而这种国家内部各阶级的一切矛盾（包括封建制度和人民大众之间这个主要矛盾），便都暂时地降到次要和服从的地位。中国一八四〇年的鸦片战争，一八九四年的中日战争，一九〇〇年的义和团战争和目前的中日战争，都有这种情形。"① 毛泽东向全党同志提出要正确对待矛盾的要求："对于矛盾的各种不平衡情况的研究，对于主要的矛盾和非主要的矛盾、主要的矛盾方面和非主要的矛盾方面的研究，成为革命政党正确地决定其政治上和军事上的战略战术方针的重要方法之一，是一切共产党人都应当注意的。"②

毛泽东在《矛盾论》等一系列著作中既看到了民族矛盾突出到了主要地位，又看到了阶级矛盾的重要影响作用，为建立广泛的抗日民族统一战线提供了科学的理论依据，也是指导抗日战争取得伟大胜利的重要法宝。

抗日战争既是民族战争，也是阶级战争，但首先是民族战争，阶级战争要服从于民族战争。这一点，是抗战时期军事、政治、经济、文化政策的出发点。抗日战争时期的战略和策略、政党斗争，都要取决于是否正确认识了这一点，制定政策的过程中是否真正贯彻了这一点。

（二）第二次国共合作的形成

1936年12月12日，在全国人民抗日热情高涨的时候，时任西北

---

① 《毛泽东选集》第1卷，人民出版社1991年版，第320—321页。
② 同上书，第326—327页。

剿匪副总司令的东北军领袖张学良和国民革命军第十七路军总指挥的西北军领袖杨虎城两位将军，不满蒋介石的对日不抵抗政策，在西安发动"兵谏"，扣押了国民政府军事委员会委员长兼西北剿匪总司令蒋介石，要求蒋介石放弃"攘外必先安内"政策，接受"停止剿共，一同抗日"主张。这就是震惊中外的西安事变。中共中央在分析了国内外的情况后，认为可以利用国民党内部的矛盾，把上层统一战线扩大到蒋介石的南京政府，建立新的国共合作，结成抗日民族统一战线，抗击日本帝国主义的侵略。因此，中共派出以周恩来为首的代表团，同国民党进行谈判，和平处理西安事变。西安事变的和平解决为第二次国共合作奠定了基础。

1937年7月7日，日本侵略者发动了卢沟桥事变，标志着日本帝国主义全面侵华的开始。在这个危急关头，中共中央率先向全国发出通电，大声疾呼："平津危急！华北危急！中华民族危急！只有全民族实行抗战，才是我们的出路。"号召："全中国同胞，政府与军队，团结起来，筑成民族统一战线的坚固长城，抵抗日寇的侵略！"[①] 毛泽东指出，当前工作的总方针包括两个方面："此时各方任务，在一面促成蒋氏建立全国抗战之最后决心（此点恐尚有问题）；一面自己真正地准备一切抗日救亡步骤；并同南京一道去做。""盖此时是全国存亡关头，又是蒋及国民党彻底转变政策之关头，故我们及各方做法，必须适合于上述之总方针。"[②]

这个时候，不仅是中共在努力实现第二次国共合作，民主党派和爱国人士也在大声疾呼，呼吁全民族抗战。宋庆龄呼吁："共产党是一个代表工农劳动阶级利益的政党。孙中山知道没有这些劳动阶级的热烈支持与合作，就不可能顺利地实现完成国民革命的使命。……国难当头，应该尽弃前嫌。必须举国上下团结一致，抵抗日本，争取最

---

① 《中国共产党为日军进攻卢沟桥通电》，《解放》第1卷第10期，解放周刊出版社1937年版。

② 转引自金冲及主编《毛泽东传（1893—1949）》，中央文献出版社1996年版，第469页。

后胜利。"①

　　为了推动蒋介石下决心,中国共产党和红军自身积极地进行抗日参战的一切准备。7月13日,延安召开共产党员和机关工作人员的紧急会议,毛泽东到会动员,号召"每一个共产党员与抗日的革命者,应该沉着地完成一切必须准备,随时出动到抗日前线"。7月14日,毛泽东等致电叶剑英,要他转告蒋介石:"红军主力准备随时出动抗日,已令各军十天内准备完毕,待令出动。"②7月18日,延安召开市民大会,毛泽东到会讲演,报纸记载:"演词激昂,听众均摩拳擦掌,热血沸腾,愿赴抗日战场,与日寇决一死战。"③

　　在这种形势下,蒋介石终于在7月17日发表庐山谈话,表示"如果战端一开,那就是地无分南北,年无分老幼,无论何人,皆有守土抗战之责任,皆应抱定牺牲一切之决心"。蒋介石谈话发表后,毛泽东很快就表示欢迎:"这个谈话,确定了准备抗战的方针,为国民党多年以来在对外问题上的第一次正确的宣言,因此,受到了我们和全国同胞的欢迎。"④ 这标志着第二次国共合作的形成。在中国共产党的积极努力推动下,以国共两党合作为中心,中国各族人民、各民主党派、各爱国军队、各阶层爱国人士以及海外华侨的抗日民族统一战线终于发展起来。毛泽东在论述这个统一战线的意义时指出:"这在中国革命史上开辟了一个新纪元。这将给予中国革命以广大的深刻的影响,将对于打倒日本帝国主义发生决定的作用。""历史的车轮将经过这个统一战线,把中国革命带到一个崭新的阶段上去。中国是否能由如此深重的民族危机和社会危机中解放出来,将决定于这个统一战线的发展状况。"⑤

---

　　① 宋庆龄:《关于国共合作的声明》,《为新中国奋斗》,人民出版社1952年版,第109页。

　　② 引自金冲及主编《毛泽东传(1893—1949)》,中央文献出版社1996年版,第470页。

　　③ 同上。

　　④ 《毛泽东选集》第2卷,人民出版社1991年版,第344页。

　　⑤ 同上书,第364页。

（三）中共工作的转变

中国共产党以民族利益为重，放下十年内战时期国民党"围剿"革命根据地，造成红军主力极大损失的深仇大恨，正确处理各个阶级之间的矛盾，主张发展进步势力即无产阶级、农民阶级和城市小资产阶级的力量，争取民族资产阶级、开明士绅等中间势力，建立了包括工人、农民、小资产阶级和民族资产阶级在内的抗日民族统一战线。农民、工人作为抗日与革命的主力军，为发动他们抗战，必须给他们改善生活，给他们以"看得见的物质利益"。同时又必须以不破裂各阶级合作抗日为限度。从这一基点出发，中国共产党调节各阶级关系，兼顾各阶级利益，既在一定限度内满足劳苦大众的政治、经济要求，使其生活有一定保障，同时又必须兼顾地主阶级、资产阶级等的利益，以团结对敌、共同抗日。

抗日战争时期，中国共产党制定了一整套团结绝大多数的政策。主要是：在经济上，土地问题的基本政策上主张对农民实行减租减息的政策，农民向地主、富农等交租交息，为改善工人待遇，提高工人生产热忱，实行增加工人和雇农工资的劳资政策和区别对待资产阶级财产的政策；在政治问题上，中共在抗日根据地政权建设中实行民主的原则，团结绝大多数；在军事上建立全面的抗战路线，主张实行持久战和游击战的战略战术。

全国抗战初期，国民党担负正面战场作战任务，在军事上有积极抗战的表现，政治上也有一些进步的表现，国共两党关系有所改善。但是，国民党仍是代表大地主、大资产阶级的利益的政党，并没有从根本上改变其一党专政的基本立场，对共产党和人民抗日力量的发展，存有诸多顾忌。国民党统治集团害怕群众性抗日救亡运动的蓬勃发展超越自己的控制范围，尤其害怕共产党领导的人民抗日力量的发展壮大，会危及自己的统治地位。它所推行的是单纯依靠政府和军队抗战的片面抗战路线，这条路线不可避免地要给抗战带来很多困难和障碍。

中国共产党是民族革命战争和抗日民族统一战线的积极倡导者和组织者。全国抗战一开始，中国共产党就号召全国人民总动员，主张开放民主，改善民生，广泛发动群众，武装群众，实行全体人民参加战争、支援战争的全面抗战路线，亦即实行人民战争的路线。只有实行这样的路线，才能引导中国的抗战取得最后胜利，并使这个胜利成为人民的胜利。

红军作战的总方向 1937年7月23日，毛泽东发表《反对日本进攻的方针、办法和前途》一文，指出对付日本的进攻有两种方针和两套办法，也有两个前途。一个是坚决抗战的方针，一个是妥协退让的方针。在坚决抗战的方针下，必须实行全国军队和人民的总动员以及革新政治等一整套办法。在妥协退让的方针下，就会实行相反的一套办法，即不动员军队和人民群众，不给人民以民主自由，不改良人民生活，保持官僚买办豪绅地主的专制政府，破坏抗日民族统一战线等。实行前一套办法，其前途就一定是驱逐日本帝国主义，使中华民族得到自由解放。实行后一套办法，就不可能坚持抗战，结果必定是日本帝国主义占领全中国、中国人民做牛马当奴隶的前途。中国共产党人愿同国民党人和全国同胞一道为保卫国土流尽最后一滴血，反对一切游移、动摇、妥协、退让，实行坚决的抗战。[①]

毛泽东认为在抗战中红军的作战政策应该是：我们对参战不迟疑，但要求独立自主担任一方面作战任务，发挥红军运动战、游击战、持久战的优点；不拒绝红军主力出动，但要求足够的补充与使用兵力的自由；不反对开赴察、绥，但要求给便于作战的察、绥、晋三角地区与便于补充联络的后方。毛泽东提出红军作战方针应当是：红军担负的作战任务是"独立自主的游击运动战，钳制敌人大部分，消灭敌人一部"；要求指定冀察晋绥四省交界地区，作为协助友军作战的地区；"我们事实上只宜作侧面战，不宜作正面战"；同时，要求本着"按情

[①] 引自中共党史研究室《中国共产党历史（1921—1949）》第1卷下册，中共党史出版社2011年版，第475页。

况使用兵力的原则,在此原则下,承认开拔主力"。①

(四) 制定全面抗战路线

1937年8月,中共中央召开洛川会议,讨论制定动员全国军民开展民族解放战争,实行全面持久抗战的方针,进一步确定党在抗日战争时期的任务及各项政策。毛泽东作军事问题和国共两党关系问题的报告。

关于军事问题,毛泽东指出,根据中日战争中敌强我弱的形势和敌人用兵的战略方向(以夺取华北为主),抗日战争是一场艰苦的持久战。红军在国内革命战争中,已经发展为能够进行运动战的正规军,但在新的形势下,在兵力使用和作战原则方面,必须有所改变。红军的基本任务是:创造根据地,牵制消灭敌人,配合友军作战(主要是战略配合),保存和扩大红军,争取共产党对民族革命战争的领导权。红军的作战方针是:独立自主的山地游击战争,包括在有利条件下集中兵力消灭敌人兵团,以及向平原发展游击战争,但着重山地。独立自主是相对的,是在共同抗日的统一战略目标下的独立自主的指挥。游击战的作战原则是,游与击结合,打得赢就打,打不赢就走,分散发动群众,集中消灭敌人;着重于山地,是考虑便于创造根据地,建立起支持长期作战的战略支点。

关于国共两党关系问题,毛泽东指出,要坚持统一战线,巩固扩大统一战线;同时要保持共产党在政治上、组织上的独立性,记取1927年大革命失败的教训,对国民党的反共倾向保持高度的警觉性。总之,必须坚持统一战线中的无产阶级领导权。②

会议通过了《中国共产党抗日救国十大纲领》和毛泽东起草的宣

---

① 引自金冲及主编《毛泽东传(1893—1949)》,中央文献出版社1996年版,第460页。

② 中共中央文献研究室编:《毛泽东思想年编:1921—1975》,中央文献出版社2011年版,第162、163页。

传鼓动提纲。十大纲领是:"1. 打倒日本帝国主义; 2. 全国军事的总动员; 3. 全国人民的总动员; 4. 改革政治机构; 5. 抗日的外交政策; 6. 战时的财政经济政策; 7. 改良人民生活; 8. 抗日的教育政策; 9. 肃清汉奸卖国贼亲日派,巩固后方; 10. 抗日的民族团结。"这是实行全面抗战路线的纲领。实行这些纲领,就能争取抗日民族解放战争朝着有利于人民胜利结局的方向发展。会议讨论并决定了在全国抗战时期中共的基本行动路线和工作方针。这主要是:在敌人后方放手发动群众,开展独立自主的游击战争,配合正面战场,开辟敌后战场,建立抗日根据地;在国民党统治区,广泛发动群众性的抗日救亡运动,推动桂系和川军等地方实力派拥蒋抗日;在有利于动员全国人民参加抗战的前提下,争取人民应有的政治经济权利;以减租减息作为抗战时期解决农民问题的基本政策;保卫、巩固和建设陕甘宁边区,使其成为抗日民主的模范区。①

洛川会议制定了党的全面抗战路线,要求把实行全民族抗战与争取人民民主、改善人民生活结合起来,把反对外敌入侵与推进社会进步统一起来,正确处理了民族矛盾与阶级矛盾的关系。在这次会议上通过的《中国共产党抗日救国十大纲领》明确了党在抗日战争时期的基本政治主张,指明了坚持长期抗战、争取最后胜利的具体道路,这是同国民党领导集团所实行的片面抗战路线不同的正确的抗战路线。

(五)坚持抗日民族统一战线的方针、政策

在抗战过程中,国民党的抗战政策摇摆不定,尤其是抗战中后期,国民党开始实行"消极抗日,积极反共"的政策。抗日战争时期,民族矛盾关系到中华民族生死存亡,国内的阶级矛盾虽仍然存在,但阶级斗争必须服从民族斗争。毛泽东主张建立抗日民族统一战线,"抗

---

① 中共党史研究室:《中国共产党历史(1921—1949)》第1卷下册,中共党史出版社2011年版,第476—477页。

日战争胜利的基本条件，是抗日统一战线的扩大和巩固。而要达此目的，必须采取发展进步势力、争取中间势力、反对顽固势力的策略，这是不可分离的三个环节，而以斗争为达到团结一切抗日势力的手段。在抗日统一战线时期中，斗争是团结的手段，团结是斗争的目的。以斗争求团结则团结存，以退让求团结则团结亡"①。但"我们的团结是有条件的""假使把你的头割掉了，还讲什么团结啦？""所以我们讲团结，在必要斗争的时候我们还要斗争，有了斗争也就会有团结。"②

　　进入抗日战争的相持阶段，毛泽东敏锐地警觉到国民党内妥协磨擦的危险倾向在发展，特别是蒋介石本人的态度在发生变化。他批评国民党五中全会的错误是"依靠外力，只打到卢沟桥"。"国民党的政策是一贯的，在五中全会是再一次表现。"关于国共关系，他认为，国民党的妥协倾向与磨擦倾向也是错综复杂的，主张执行联共同时又防共的中间政策的占多数，我们应该增加左翼力量，争取中间派。蒋介石将处于中间派地位。"过去，我们只与汪精卫斗争，没有与蒋介石直接斗争。抗战中如何打法，我党一贯与蒋介石斗争。在前年的斗争方式是尖锐的，去年较和缓，但斗争是没有停止的。今后我党方针还是不要太尖锐，要坚韧。""我们要阻止妥协磨擦危险倾向的发展，主要方针是争取国民党的大多数，争取中央军，发展八路军游击队。"他说：只要我们有力量造成抗战的局面，就能逼迫蒋介石不得不继续抗战。对国民党的磨擦，"我们有两条原则：第一，'人不犯我，我不犯人'，即是说人家不捣乱我，我就不打人；第二条是'人若犯我，我必犯人'，这一原则要抓得紧，一定要有劲"。"这样，才能真正巩固与扩大抗日民族统一战线。只有这样，才能战胜日寇。"③"我们根本反对抗日党派之间那种互相对消力量的磨擦。但是，任何方面的横逆如果一定要来，如果欺人太甚，如果实行压迫，那末，共产党就必须用严正的态度对待之。这态度就是：人不犯我，我不犯人；人若犯

---

① 《毛泽东选集》第2卷，人民出版社1991年版，第745页。

② 金冲及主编：《毛泽东传（1893—1949）》，中央文献出版社1996年版，第545页。

③ 同上书，第534页。

我，我必犯人。但我们是站在严格的自卫立场上的，任何共产党员不许超过自卫原则。"①

争取中间势力对付国民党内顽固分子的进攻，这在毛泽东统一战线思想中，是一个新的重要内容。毛泽东十分重视在统一战线中"大量吸收知识分子"，他在1939年12月1日为中共中央起草的《大量吸收知识分子》中呼吁："全党同志必须认识，对于知识分子的正确的政策，是革命胜利的重要条件之一。我们党在土地革命时期，许多地方许多军队对于知识分子的不正确态度，今后决不应重复；而无产阶级自己的知识分子的造成，也决不能离开利用社会原有知识分子的帮助。中央盼望各级党委和全党同志，严重地注意这个问题。"②

在激烈的反磨擦斗争中，党内外一些人有些担心，生怕统一战线发生破裂。因此，毛泽东为中共中央起草了对党内的指示。指示指出："在这里应使全党同志认识的，就是不要把各地发生的投降、反共、倒退等严重现象孤立起来看。对于这些现象，应认识其严重性，应坚决反抗之，应不被这些现象的威力所压倒。如果没有这种精神，如果没有坚决反抗这些现象的正确方针，如果听任国民党顽固派的'军事限共'和'政治限共'发展下去，如果只从惧怕破裂统一战线一点设想，那末，抗战的前途就是危险的，投降和反共就将全国化，统一战线就有破裂的危险。"在上述情况下，"党的任务就在于：一方面，坚决反抗投降派顽固派的军事进攻和政治进攻；又一方面，积极发展全国党政军民学各方面的统一战线，力争国民党中的大多数，力争中间阶层，力争抗战军队中的同情者，力争民众运动的深入，力争知识分子，力争抗日根据地的巩固和抗日武装、抗日政权的发展，力争党的巩固和进步。如此双管齐下，就有可能克服大地主大资产阶级的投降危险并争取时局的好转前途。所以，力争时局好转，同时提起可能发生突然事变（在目前是局部的、地方性的突然事变）的警觉性，这就

---

① 《毛泽东选集》第2卷，人民出版社1991年版，第590页。
② 同上书，第620页。

是党的目前政策的总方针。"①

（六）抗日战争的持久战和游击战

在抗战初期，面对日军的疯狂进攻，国内"亡国论"的言论甚嚣尘上，国民党军队组织了几次有效的抵抗之后，国内"速胜论"又占据了一部分市场。正是这几种错误的思想，妨碍了人们对抗战前途的认识。为了扫除这些错误思想，指导共产党和全国人民的抗战，1938年5月，毛泽东发表了《抗日游击战争的战略问题》和《论持久战》等几篇文章。

1936年7月，毛泽东在同美国记者埃德加·斯诺的谈话中，就已经一般地估计了抗日战争的形势，提出了通过持久抗战争取胜利的方针。在《论持久战》中，毛泽东指出："中日战争不是任何别的战争，乃是半殖民地半封建的中国和帝国主义的日本之间在二十世纪三十年代进行的一个决死的战争。"② 毛泽东分析了中日之间存在的四个矛盾和特点：敌强我弱、敌退步我进步；敌小我大，敌失道寡助我得道多助。这些特点"规定了和规定着战争的持久性和最后胜利属于中国而不属于日本。战争就是这些特点的比赛。这些特点在战争过程中将各依其本性发生变化，一切东西就都从这里发生出来"③。毛泽东作出论断："中国会亡吗？答复：不会亡，最后胜利是中国的。中国能够速胜吗？答复：不能速胜，抗日战争是持久战。"④ 这场持久战将经过三个阶段："第一个阶段，是敌之战略进攻、我之战略防御的时期。第二个阶段，是敌之战略保守、我之准备反攻的时期。第三个阶段，是我之战略反攻、敌之战略退却的时期。"⑤ 毛泽东着重指出，第二个阶

---

① 《毛泽东选集》第2卷，人民出版社1991年版，第712、713页。
② 同上书，第447页。
③ 同上书，第450页。
④ 同上书，第442—443页。
⑤ 同上书，第462页。

段是整个战争的过渡阶段,"将是中国很痛苦的时期","我们要准备付给较长的时间,要熬得过这段艰难的路程"。在论述这三个阶段的发展过程时,他着重分析相持阶段到来的条件,指明相持阶段中,在犬牙交错的战争态势下敌我优劣形势转换的各种因素,然而,它又是敌强我弱形势"转变的枢纽"。毛泽东强调"此阶段中我之作战形式主要的是游击战,而以运动战辅助之"。"此阶段的战争是残酷的,地方将遇到严重的破坏。但是游击战争能够胜利。"①

毛泽东特别强调游击战争在中国抗日战争中的重大意义。持久战是抗日战争的总的战略方针,为了实现总的战略方针,还必须有一套具体的战略方针,这就是主动地、灵活地、有计划地执行防御战中的进攻战,持久战中的速决战,内线作战中的外线作战。这是包括正规战争和游击战争在内的整个抗日战争所应采取的战略方针。由于敌强我弱,敌在战略上采取进攻的、速战速决的和进行外线作战的方针,我则采取防御的、持久的和进行内线作战的方针。但是,由于敌小我大,敌以少兵临大国,只能占领中国一部分领土,我们有对敌进行运动战和游击战的极其广大的地盘。这样,在战役战斗中,对于部分敌人,我可能集中优势兵力,主动地进行外线的速决的进攻战。结果,在具体战斗中,敌可由强者变为弱者,由优势变为劣势;我则相反,可以弱者变为强者,由劣势变为优势,取得战役战斗的胜利。这些胜利的积累,将逐渐改变总的敌我形势,我日益壮大,敌日益削弱直至走向完全失败。在抗日战争的第一阶段和第二阶段都需要实行这一套方针,这是以弱胜强所必须采取的方针。② 毛泽东在《抗日游击战争的战略问题》一文中对它作了更全面、详尽的论述。

在《论持久战》中,毛泽东强调"兵民是胜利之本"。③ 他说:"武器是战争的重要因素,但不是决定的因素,决定的因素是人不

---

① 《毛泽东选集》第 2 卷,人民出版社 1991 年版,第 464 页。

② 中共党史研究室:《中国共产党历史(1921—1949)》第 1 卷下册,中共党史出版社 2011 年版,第 512 页。

③ 同上书,第 509 页。

是物。"[1] "战争的伟力之最深厚的根源，存在于民众之中。"[2] 只要动员了全国老百姓，就会造成陷敌于灭顶之灾的汪洋大海，造成弥补武器等缺陷的补救条件，造成克服一切战争困难的前提。

"兵民是胜利之本"，这不仅是最重要的军事原则，也是最重要的政治原则，在战争时期，则是体现在军事中的政治原则，至今仍是中国人民解放军的作战指导原则。

（七）加强陕甘宁边区政治、经济、文化建设

陕甘宁边区是抗战时期中国共产党中央和八路军领导机关所在地。毛泽东认为边区的工作是关系到中国共产党能否团结人民、坚持抗战的根本问题。不管在什么地方，离开当地人民群众真心实意的支持，坚持抗战也好，建设根据地也好，都是谈不上的。

边区的政治建设　中共在边区内实行民主制度。1939年年初，陕甘宁边区召开由人民普选产生的第一届参议会。参议会经过民主选举，选出高岗为议长、张邦英为副议长，林伯渠为边区政府主席，高自立为副主席。会议制定出《陕甘宁边区抗战时期施政纲领》。毛泽东在会议上提出边区的建设方向是要成为"抗战的堡垒"和"民主的模范"。他还提出1939年边区的施政方针是：大大发展国防经济，发展农业、手工业，改良人民生活；发展国防教育，办初级的高级的学校，开展识字运动，使边区人民大大提高文化水准；大大推进国防的民众运动，加强军事训练。这是毛泽东对边区建设的初步设想。毛泽东指导下的陕甘宁边区第一届参议会开辟了根据地民主政治的新局面，"在中国，由议会选举政府，决定施政方针，边区是第一个"。它实际上成为后来人民代表大会制度的雏形。

---

[1] 中共党史研究室：《中国共产党历史（1921—1949）》第1卷下册，中共党史出版社2011年版，第469页。

[2] 同上书，第511页。

1941年5月1日，中共陕甘宁边区公布《陕甘宁边区施政纲领》。这个纲领规定在政权建设方面贯彻"三三制"原则："本党愿与各党各派及一切群众团体进行选举联盟，并在候选名单中确定共产党员只占三分之一，以便各党各派及无党无派人士均能参加边区民意机关之活动与边区行政之管理。在共产党员被选为某一行政机关之主管人员时，应保证该机关之职员有三分之二为党外人士充任。共产党员应与这些党外人士实行民主合作，不得一意孤行，把持包办。"①

　　解决经济上的困难　由于日本帝国主义的"三光"政策和国民党的封锁，边区内的经济困难并没有随着民主改革好转。"最大的一次困难是在一九四〇年和一九四一年，国民党的两次反共磨擦，都在这一时期。我们曾经弄到几乎没有衣穿，没有油吃，没有纸，没有菜，战士没有鞋袜，工作人员在冬天没有被盖。国民党用停发经费和经济封锁来对待我们，企图把我们困死，我们的困难真是大极了。"②

　　针对这种困难，毛泽东提出通过生产运动来解决和改善边区军队和人民的穿衣吃饭问题："我们现在钱虽少但还有，饭不好但有小米饭，要想到有一天没有钱、没有饭吃，那该怎么办？无非三种办法，第一饿死；第二解散；第三不饿死也不解散，就得要生产。我们来一个动员，我们几万人下一个决心，自己弄饭吃，自己搞衣服穿，衣、食、住、行统统由自己解决，我看有这种可能。"③ 在开源的同时，毛泽东还根据党外人士、陕甘宁边区政府副主席李鼎铭的提议，主张节流，实行精兵简政。"假若我们还要维持庞大的机构，那就会正中敌人的奸计。假若我们缩小自己的机构，使兵精政简，我们的战争机构虽然小了，仍然是有力量的；而因克服了鱼大水小的矛盾，使我们的战争机构适合战争的情况，我们就将显得越发有力量，我们就不会被

---

　　① 西北五省区编纂领导小组、中央档案馆：《陕甘宁边区抗日民主根据地》文献卷下，中共党史资料出版社1990年版，第76页。
　　② 《毛泽东选集》第3卷，人民出版社1991年版，第892页。
　　③ 金冲及主编：《毛泽东传（1893—1949）》，中央文献出版社1996年版，第610页。

敌人战胜，而要最后地战胜敌人。"①

文化战线上的群众路线　延安有一个非常活跃的文艺界。文艺界在整风过程中暴露出来很多、很突出的问题。这些文艺界人士大多是在抗战爆发后从上海等大城市来到延安的，他们满怀救国热情，但对同工农兵结合的思想准备却很不足。在文艺界内部，相互之间也存在一些长期积累下来的争论、分歧、对立和不团结的现象，包括还存在宗派主义的问题。毛泽东决定召开一次文艺座谈会来解决存在的种种问题。

毛泽东在座谈会的讲话中指出：文艺工作者应站在无产阶级的和人民大众的立场。对于共产党员来说，也就是要站在党的立场，站在党性和党的政策的立场。文艺作品在根据地的接受者，是工农兵以及革命的干部。这就发生一个了解他们、熟悉他们的问题。"许多同志爱说'大众化'，但是什么叫大众化呢？就是我们的文艺工作者的思想感情和工农兵大众的思想感情打成一片。""什么是我们的问题的中心呢？我以为，我们的问题基本上是一个为群众的问题和一个如何为群众的问题。""我的结论，就以这两个问题为中心，同时也讲到一些与此有关的其他问题。"② 经过这次会议，文艺工作者明确了自己的不足，找到了问题的根源，并且有了改正的方法和内容。在延安革命文艺工作者的带动下，革命根据地及中国的文艺运动走向一个崭新的阶段。

陕甘宁边区的政治、经济和文化建设，是新民主主义革命理论在革命根据地的具体体现，是在建设新民主主义社会的政治、经济和文化的实践，它对于全国的政治、经济和文化发展具有示范意义。

（八）延安的整风运动

中国共产党成立20多年来，经历了巨大的胜利和严重的失败，出

---

① 《毛泽东选集》第2卷，人民出版社1991年版，第882页。
② 《毛泽东选集》第3卷，人民出版社1991年版，第851、853—854页。

现过"左"的和右的机会主义错误,其中危害最大的是以王明为代表的教条主义错误。遵义会议和六届六中全会,分别纠正了王明在土地革命战争后期的"左"倾错误和抗日战争初期的右倾错误,但由于没有来得及对党的历史经验进行系统的总结,特别是没有从思想路线的高度对党内历次错误的根源进行深刻的总结,所以,党内在指导思想上仍存在一些分歧。这些分歧,从根本上说,就是一切从实际出发,按具体情况办事,还是主观主义地凭"想当然"或照着某些"本本"办事。这个问题如果不能得到很好地解决,就谈不上党内思想上政治上的统一和行动上的一致,去同心同德地夺取胜利。再加上中国共产党这时已发展成拥有八十万党员的大党,其中百分之九十以上是抗战以后入党的新党员。[1]

为了克服党内错误思想,1941年5月,毛泽东在延安干部会议上作了《改造我们的学习》的报告。他在报告中说,研究理论有两种互相对立的态度:一种是马克思列宁主义的态度,就是有目的地去研究马克思列宁主义的理论,为着解决中国革命的理论问题和策略问题而去从它找立场,找观点,找方法。另一种态度是主观主义的态度,就是抽象地无目的地去研究马克思列宁主义的理论,许多做研究工作的人对于研究今天的中国和昨天的中国一概没有兴趣,许多做实际工作的人往往单凭热情,把感想当政策。他们都凭主观,忽视客观实际事物的存在,夸夸其谈,自以为是。[2] 毛泽东说:"这种作风,拿了律己,则害了自己;拿了教人,则害了别人;拿了指导革命,则害了革命。"这种反马克思列宁主义的主观主义的方法,"是共产党的大敌,是工人阶级的大敌,是人民的大敌,是民族的大敌,是党性不纯的一种表现"。毛泽东在报告中突出地强调了"实事求是"的重要性,"'实事'就是客观存在着的一切事物,'是'就是客观事物的内部联系,即规律性,'求'就是我们去研究"。经过几个月的学习,高级干

---

[1] 金冲及主编:《毛泽东传(1893—1949)》,中央文献出版社1996年版,第624—625页。

[2] 《毛泽东选集》第2卷,人民出版社1991年版,第799、800、801页。

部的思想发生了深刻变化，达到了基本一致的认识。

1942年2月，毛泽东在中共中央党校开学典礼上作《整顿党的作风》的报告和在中央宣传部干部会议上作《反对党八股》的报告，指出"反对主观主义以整顿学风，反对宗派主义以整顿党风，反对党八股以整顿文风，这就是我们的任务。"① 他说，"我们党内的主观主义有两种，一种是教条主义，一种是经验主义"，"现在在我们党内还是教条主义更为危险"。② 这两种主观主义，都是理论与实际相脱离的。"马克思列宁主义理论和中国革命实际，怎样互相联系呢？拿一句通俗的话来讲，就是'有的放矢'。""马克思列宁主义之箭，必须用了去射中国革命之的。这个问题不讲明白，我们党的理论水平永远不会提高，中国革命也永远不会胜利。"③ 关于宗派主义，毛泽东认为是主观主义在组织关系上的一种表现。他要求正确处理党内的各种相互关系，以达到队伍整齐、步调一致的目的；同时也要消灭党外关系上的宗派主义，"其理由就是：单是团结全党同志还不能战胜敌人，必须团结全国人民才能战胜敌人"。④ 他着重地说："对于一切愿意同我们合作以及可能同我们合作的人，我们只有同他们合作的义务，绝无排斥他们的权利。"⑤ 关于党八股，毛泽东认为它是主观主义和宗派主义的宣传工具或表现形式。"党八股是藏垢纳污的东西"，"它是害人的，不利于革命的、我们必须肃清它。"⑥ 他说："主观主义、宗派主义和党八股，这三种东西，都是反马克思主义的，都不是无产阶级所需要的。""这些东西在我们党内，是小资产阶级思想的反映。"⑦

正是在以毛泽东为核心的党中央的正确领导下，中国革命、中国

---

① 《毛泽东选集》第3卷，人民出版社1991年版，第812页。
② 同上书，第819页。
③ 同上书，第819、820页。
④ 同上书，第825页。
⑤ 同上书，第826页。
⑥ 同上书，第827页。
⑦ 同上书，第833页。

共产党才能转危为安，建立最广泛的抗日民族统一战线，通过正确的战略，取得了一百多年来中国人民反抗外国侵略的第一次胜利。经过抗日战争，中国共产党在政治上、思想上、组织上更为成熟，也更为壮大了。

四

指挥三大战役

——战争史上的奇迹

1945年8月15日,日本无条件投降以后,中国国内出现了两条路线的斗争,对于中国向何处去的问题,面临着两个命运的抉择。

对于中国向何处去的问题,中国两大党——国民党和共产党有截然不同的主张和做法。国民党统治集团在抗战期间仍坚持独裁统治,在战争后期尽力避战,实行消极抗日、积极反共的政策。抗战胜利后,他们不是把注意力放到国家建设上,而是越来越把注意力放到限制甚至消灭共产党和其他民主势力方面来。重庆谈判后,虽然形成了"双十协定",但国民党没有把它当回事,随时准备撕毁它。

国民党通过垄断战后接收,获得了其执政20年最大的一笔物质资产,包括大量日本军队的装备,这无疑是国民党坚持垄断战后接收、坚决反对中共参与接收的重要原因。通过接收,军事上大大增加了国民党军的实力,经济上大大充实了国民党控制的国库,并为战后官僚垄断资本的大规模扩张准备了物质条件,政治上为国民党坚持一党专制、坚持内战政策,提供了心理和精神层面的支持。国民党还接受了美国的大量军事援助。1946年上半年,美国政府就向国民党政府提供了价值13.5亿美元的各种物资，先后训练了各种技术军官15万人，重新装备了45个陆军师（旅），为空军配备了各类飞机936架，移交了舰艇131艘。1946年6月，由美国海军、空军帮助输送到内战前线的国民党军队达54万人。大规模内战爆发前夕，美国国务院除向国会提出《继续对华军事援助法案》的请求通过外，又着手同国民党政府进行谈判，准备把储存在西太平洋的价值20亿美元的战争剩余物资以5亿美元的低价出售给国民党政府。[①] 有了这样一笔雄厚的物质资本，国民党认为，它可以不怕中共的反对，可以打内战。

国民党敢于打内战，是因为当时国民党有正规军200余万人，总兵力400余万人，数倍于中共军队。国民党占有全国75%以上的土地、70%以上的人口、75%以上的城市、60%以上的铁路，手中掌握的资源远胜于中共。国民党企图以压倒性优势一举消灭中共武装。从1946年6月开始，国民党先后出动158万正规军、52万非正规军、22万特种兵，共计230余万人，在海军、空军支援下，先后对中共的中原、苏皖、山东、冀鲁豫、晋南、绥东、热河、察哈尔、东北等根据地发动全面进攻，声称3—6个月内消灭中共武装，解决中共问题。

事实上，抗日战争结束后不久，国民党对中国共产党在政治上采取扼杀，在军事上则采取消灭的政策。国民党在与中共进行和平谈判的同时，就迅速调动兵力向解放区大举进攻，并将进攻的重点置于平绥、同蒲、平汉和津浦路线，企图迅速控制华北、华东的战略要点和交通线，分割解放区，打开进入东北的通道并抢占东北。中共领导的八路军、新四军向进攻解放区的国民党军队展开了自卫反击作战。

在决定中国前途、命运的极端重要时刻，毛泽东充分表现了他作为领袖人物的雄才伟略。在毛泽东周围，也有他的党，有他的同志（领袖群体），有他的人民，这一点与其他人是一样的。面对国民党政权的横逆，面对比自己强大数倍的敌人，他具有压倒一切敌人的雄伟气概，能够建立一切反动派都是纸老虎的无比信心，能够具有全局在

---

① 金冲及主编：《毛泽东传（1893—1949）》，中央文献出版社1996年版，第765页。

胸、高瞻远瞩、多谋善断的胆略，在军事上、政治上形成一系列战略指导原则（制定实施战略决战的"十大军事原则"、解放区土地改革、明确设计新中国的基本经济纲领、没收官僚资本主义的企业归国家所有、保护民族资产阶级的经济地位、提出"孤立敌人而不是孤立自己"的统一战线方针和打倒蒋介石建立新中国的政治纲领、提出"政策和策略是党的生命"等），能够发挥党的各级干部和各级指战员的能动作用，依靠人民群众，使用一系列行之有效的战术、战役，有效地保证了战略指导原则的成功实施，终于比预定时间提前两年（只用三年时间）在中国大陆彻底打败了比自己强大的国民党军队，推翻了反人民的国民党政权，为建立中华人民共和国打下了基础。

（一）大决战前的防御作战
——迎接中国革命的高潮

毛泽东对于蒋介石发动内战有着清醒的估计，1945年8月13日，毛泽东在延安干部会上作了题为《抗日战争胜利后的时局和我们的方针》的讲演："对于蒋介石发动内战的阴谋，我党所采取的方针是明确的和一贯的，这就是坚决反对内战，不赞成内战，要阻止内战。今后我们还要以极大的努力和耐心领导着人民来制止内战。但是，必须清醒地看到，内战危险是十分严重的，因为蒋介石的方针已经定了。"[①]"人民得到的权利，绝不允许轻易丧失，必须用战斗来保卫。我们是不要内战的。如果蒋介石一定要强迫中国人民接受内战，为了自卫，为了保卫解放区人民的生命、财产、权利和幸福，我们就只好拿起武器和他作战。"[②]

1946年6月，蒋介石以围攻中原解放区为起点，悍然发动了全面内战。从此，由蒋介石挑起的中国历史上空前规模的大内战全面爆发

---

① 《毛泽东选集》第4卷，人民出版社1991年版，第1125页。

② 同上书，第1127页。

了。怎样去"战胜蒋介石"呢？毛泽东提出几条基本的指导方针：在军事方面，他强调两个要点，一是"战胜蒋介石的作战方法，一般地是运动战"。二是"集中优势兵力，各个歼灭敌人"的作战方法。他指出这种方法的效果是"一能全歼，二能速决"，在蒋军武器加强的条件下，这是"我军必须特别强调的"。在政治方面，他要求"必须和人民群众亲密合作，必须争取一切可能争取的人"，并为此规定了党在农村中、在城市中和在国民党军队中必须团结、争取、孤立的阶级、阶层和人员。在经济方面，他要求"必须作持久打算，必须十分节约地使用我们的人力资源和物质资源，力戒浪费"。要"努力生产"，要"依靠自力更生，立于不败之地"，要"艰苦奋斗，军民兼顾"。①

1946年6月26日，国民党军郑州绥靖公署和武汉行营所属的八个整编师另两个旅共30万人，在武汉、西安两地空军直接支援下，向中原军区部队集结的以宣化店为中心的方圆不足百里的地域发动进攻。中原军区主力按预定部署分两路向西突围，于29日突破国民党军队的第一线合围圈，越过平汉铁路，摆脱国民党军的多次围追堵截，克服重重困难，于7月底8月初分别进到陕南和鄂西北地区，创造新的游击根据地。其中，由王震率领的第三五九旅，在8月底回到陕甘宁边区。②6万中原解放军，在蒋介石40万大军的围追堵截下胜利突围，宣告了蒋介石"围歼"计划的破产。在全面进攻破产后，1947年3月，国民党军队集中94个旅近70万部队，分别对陕北和山东解放区进行重点进攻。在陈毅、彭德怀等将领的指挥下，解放军先后在青化砭、羊马河、蟠龙镇、泰安、孟良崮发动战役，粉碎了敌人的重点进攻。至此，人民解放军由战略防御阶段转为了战略进攻。刘邓大军在毛泽东等中央军委的指示下千里跃进大别山，如同一把钢刀插进了国民党的心脏。同时各解放区的解放军积极配合，经过半年的外线作战

---

① 金冲及主编：《毛泽东传（1893—1949）》，中央文献出版社1996年版，第767页。

② 同上书，第772—773页。

和内线作战,取得了消灭国民党军75万多人的战绩。

(二) 转向战略进攻
——1947年成为历史的转折点

1947年10月10日,中国人民解放军总部发布了《中国人民解放军宣言》,提出了"打倒蒋介石,解放全中国"的伟大号召。同时宣布组成民族统一战线,成立联合政府等8项基本政策。这标志着中国人民解放军逐步建立了对国民党军队的优势,具备了大决战的条件。全面内战爆发后,毛泽东曾三次比较明确地表述了准备在适当时机将解放军主力转入外线作战以实行战略进攻的基本设想。

第一次在1946年11月21日的中共中央会议上,毛泽东指出:歼灭战已经经历了事实的证明,过去几个月已歼灭国民党军38个旅。蒋介石的攻势是可以战胜的。用半年到一年的时间,消灭他七八十个旅,就可以使国共双方的力量达到平衡。那时我们就可以打出去,首先是安徽、河南、湖北、甘肃,然后再向长江以南。毛泽东的这个分析,不但提出了转入战略进攻的时机,而且提出了进攻的主要方向,就是鄂、豫、皖和甘肃。第二次是1947年7月10日毛泽东给东北民主联军总司令林彪、副政治委员罗荣桓、高岗的一份很长的指定"科长译""阅后付火"的绝密电报。这份电报,对人民解放军转入战略进攻的蓝图作了更全面的描绘。第三次是1947年9月1日。那时,中国人民解放军转入战略进攻刚两个月,许多人对整个局势的发展还没有看得那么清楚。毛泽东向各区发出《解放战争第二年的战略方针》的指示,全面地阐述了解放军实施战略进攻的构思,指出:"我军第二年作战的基本任务是:举行全国性的反攻,即以主力打到外线去,将战争引向国民党区域,在外线大量歼敌,彻底破坏国民党将战争继续引向解放区、进一步破坏和消耗解放区的人力物力、使我不能持久的反革命战略方针。我军第二年作战的部分任务是:以一部分主力和广大地方部队继续在内线作战,歼灭内线敌人,收复失地。"为了实现这一任务，毛泽东特别强调"到国民党区域作战争取胜利的关键：第一是在善于捕捉战机，勇敢坚决，多打胜仗；第二是在坚决执行争取群众的政策，使广大群众获得利益，站在我军方面。只要这两点做到了，我们就胜利了"①。

1946年7月至1947年6月，在人民解放战争的第一个年头内，人民解放军在几个战场上打退了蒋介石的进攻，迫使蒋介石转入防御。在1947年7月以来的第二个年头，人民解放军已经转入全国规模的进攻，破坏了蒋介石将战争引向解放区的企图，刘邓大军千里跃进大别山的战略决策，成功地将解放战争推进到国民党统治区。1947年年底毛泽东高兴地宣布："中国人民的革命战争，现在已经达到了一个转折点。""这是一个历史的转折点。这是蒋介石的二十年反革命统治由发展到消灭的转折点。这是一百多年以来帝国主义在中国的统治由发展到消灭的转折点。""这个事变一经发生，它就将必然地走向全国的胜利。"②

（三）决定中国命运的战略大决战
——在世界上最小的指挥部里指挥了世界上最大的战略决战

决战，是战争双方集中全部力量进行决定胜负的交战。在这个问题上，毛泽东的原则是："执行有利决战，避免不利决战。"毛泽东反对在条件不具备的情况下进行战略决战，却坚决主张进行有利条件下的战役决战，不容许有丝毫的消极。他认为，只有通过无数战役上的有利决战，方能逐步改变力量对比上敌强我弱的状况，为最后的战略决战创造条件。

解放战争已经进入第三年，解放军总兵力由127万发展到280多

---

① 金冲及主编：《毛泽东传（1893—1949）》，中央文献出版社1996年版，第804页。

② 《毛泽东选集》第4卷，人民出版社1991年版，第1243、1244页。

万，且装备改善，士气高昂，不但能打大规模运动战，而且能打大规模攻坚战。国民党虽然还统治着全国四分之三的地区，在长江以北地区还有174万部队，但内部已经空虚，士气低落。蒋介石鉴于军事上的大失败，被迫发起了所谓"和平运动"。毛泽东十分鲜明地指出了进行大决战消灭蒋介石集团的意义：

> 我们如果不愿意被敌人消灭，就必须把战争打到底，必须不要上反动派的当。必须向解放区军民人等指出，战争不是无止境的。依据过去两年的作战成绩，加上今后的更大努力，执行正确的军事政治经济文化各项政策，大约再打三年左右，就可以从根本上消灭中国的反动势力，在全国范围内建立人民民主共和国，我们自己及全国人民就可以永远过和平自由幸福的生活了。如果我们不能忍受这大约三年左右的痛苦，接受反动派的欺骗，停战议和，让其休养生息，然后被迫再打，我们就将受程度更大、时间更长的痛苦。[1]

毛泽东以惊人的胆略，抓住时机，毫不犹豫地指挥人民解放军与国民党军展开了气势磅礴的战略决战。这次大决战，是由辽沈、淮海、平津三大战役一环紧扣一环地组成的。三大战役从1948年9月12日开始，到1949年1月31日结束，历时四个月零十九天，歼灭国民党正规军144个师（旅），非正规军29个师，共154万多人。这是中国人民革命战争历史上，也是世界战争史上罕见的壮丽篇章。[2] 毛泽东将首战方向指向了东北。

辽沈战役 在长江以北地区有东北、华北、中原、西北和华东国民党五大集团军。而东北战场，解放军总兵力已达100万，国民党军只有55万，又被压缩在长春、沈阳、锦州三个孤立的地区。首先将东

---

[1] 中央档案馆编：《中共中央文件选集》第17册，中共中央党校出版社1992年版，第253页。

[2] 金冲及主编：《毛泽东传（1893—1949）》，中央文献出版社1996年版，第866页。

北国民党军歼灭，就使东北成为解放全国的战略大后方。因此，毛泽东指出："对我军战略利益来说，是以封闭蒋军在东北加以各个歼灭为有利"①，他要求东北野战军"确立打你们前所未有的大歼灭战的决心"②。

1948年9月12日，东北野战军发起辽沈战役。野战军主力秘密南下，迅速切断北宁铁路，包围锦州。蒋介石惊恐不已，急忙拼凑兵力组成东进集团和西进集团，从锦西和沈阳同时增援锦州。10月14日，东北野战军对锦州发起总攻，仅用31个小时，就攻克锦州，全歼国民党军范汉杰集团约10万人，彻底封闭了东北的南大门，将东北和华北的国民党军彻底分割开来。范汉杰被俘后，感叹道："这一着非雄才大略之人是做不出来的。"③

锦州攻克，东北的国民党军就从心理上被摧垮了，被困于长春的国民党军10万部队起义投降，长春和平解放。蒋介石不得不下令从东北总撤退。可惜这个决定太晚了，在国民党军西进兵团夺路突围时，东北野战军迅速将其合围在辽西平原，激战两天，包括国民党军五大主力新1军、新6军在内的十余万精锐部队就地被歼。指挥官廖耀湘束手就擒。随后，东北野战军兵分两路，猛扑沈阳、营口。11月2日，沈阳、营口解放。辽沈战役结束，东北全境解放。辽沈战役共歼国民党军47.2万余人。

淮海战役与平津战役"双管齐下" 辽沈战役后，蒋介石精心制订了徐蚌会战计划，决定集中徐州、华中两大战区主力，以徐州为中心，西起砀山，东至连云港，北起临城，南至蚌埠，依托陇海、津浦两条铁路，与解放军进行孤注一掷的决战。与辽沈战役不同，在中原战场上，人民解放军兵力不占优势。徐州国民党军刘峙集团拥有60余万兵力，加上战役发起后的增援部队，投入作战的兵力达80多万人。

---

① 毛泽东致林罗刘，并朱刘电，1948年2月7日。转引自金冲及主编《毛泽东传（1893—1949）》，中央文献出版社1996年版，第868页。

② 《毛泽东选集》第4卷，人民出版社1991年版，第1336页。

③ 转引自韩先楚《东北战场与辽沈决战》，《辽沈决战》上册，人民出版社1988年版，第127页。

而华东野战军和中原野战军及地方部队总兵力为60多万人，装备更是差距很大。在这种情况下决战，毛泽东确定战役的方针是：首先集中华东野战军主力吃掉位于新安镇的黄百韬兵团，以此调动牵制国民党军，形成包围徐州、兵临江淮之势；同时以中原野战军攻占徐州、蚌埠间的战略枢纽宿县，封闭徐州国民党军陆上通道，将刘峙集团分割成几块，再各个予以歼灭。

11月6日，解放军发起淮海战役。华东野战军三路南下，将黄百韬兵团包围于碾庄地区。激战至22日，全歼其十余万人，黄百韬被击毙。在华东野战军围歼黄百韬兵团时，毛泽东指示中原野战军攻克了宿县，还将来援的国民党军黄维兵团10万多人合围于双堆集地区。中原战场的国民党军被分割在徐州、蚌埠、双堆集三块互不相连的地域。蒋介石此刻已失去了在徐蚌地区与解放军决战的勇气，命令徐州的国民党军弃城西进，同黄维兵团会合，共同撤向淮河以南。徐州的国民党军3个兵团27万人马在杜聿明指挥下，蜂拥西逃。华东野战军多路追击，迂回拦击，将之合围于陈官庄地区。

12月12日，解放军对黄维兵团发起总攻，激战三日，将其全歼，生俘黄维。北上增援的李延年、刘汝明兵团见状，仓皇退回淮河以南。至此，中原战场只剩下了被围于陈官庄的杜聿明集团。而杜聿明集团此刻已经是饥寒交迫，四面楚歌，官兵大批投诚，部队士气全无。

但此刻毛泽东却下令，部队转入休整，对杜聿明集团暂不做最后的攻击。战略决战最后一个战役——平津战役已经发起。毛泽东要利用杜聿明集团，拖住华北傅作义集团，再做一篇大文章。这种盱衡大局，在战略上收放自如的谋略，是古今军事家鲜有能及的。

东北国民党军全军覆没，中原国民党军则陷入重围，傅作义已失去南北依托，是南撤江南还是西去绥远老家，左右彷徨。他将部队摆成一字长蛇阵，准备能守则守，不能守则迅速撤退。

毛泽东做起了瞒天过海的大文章。他命令华北第1兵团停攻太原，第3兵团撤围归绥，不给傅作义施加更多压力。同时命令东北野战军提前迅速秘密入关，并指示新华社不断播发东北野战军庆功、祝捷活动消息，制造东北野战军正在休整的假象。

在完成这一切后，毛泽东犹嫌不足，又下出了一招引蛇出洞的好棋，令华北第3兵团向张家口发起进攻，威胁其西撤的主要通道，吸引北平之敌出援。傅作义果然派出了其嫡系第35军乘车驰援。毛泽东立即走出第二招狠棋，命令华北第2兵团和东北先遣兵团双箭齐发，截断平绥路，威胁北平。

傅作义发现东北野战军已经入关，大惊失色，急令其第35军返回北平。但当该军回返到新保安时，被神速赶到的华北第2兵团重重包围。与此同时，华北第3兵团包围张家口，东北先遣兵团攻占密云、康庄和怀来，从而将平绥铁路沿线的国民党军分割包围，斩断了傅作义的一字长蛇阵。

战局瞬息万变，战机稍纵即逝。为了稳住傅作义集团，毛泽东在命令淮海战场暂停进攻杜聿明集团的同时，指示平津战场两个星期之内对新保安、张家口之敌围而不打，对北平、天津、通县之敌隔而不围，只做战略包围，不做战役包围。待东北野战军主力完成战役展开，再各个歼敌。

战役的进程完全按照毛泽东设计的轨道发展。东北野战军加速开进，至12月20日，全部到达指定位置，完成对北平、天津的战略包围。当傅作义清醒过来时，他的部队已经由惊弓之鸟变为笼中之鸟，被解放军分割包围于张家口、新保安、北平、天津、塘沽5个地区，欲逃无路。

华北战场的大局已定，毛泽东这才指示华东战场对拒绝投降的杜聿明集团发起总攻。1949年1月6—10日，华东野战军经过四天激战，全歼杜聿明集团，生俘杜聿明，击毙兵团司令邱清泉。淮海战役胜利结束，共歼敌55.5万余人。

在华北战场上，根据毛泽东先打两头后打中间的指示，解放军开始从容不迫地各个歼敌。1948年12月24—26日，华北解放军攻克新保安、张家口。

1949年1月14日，东北野战军对天津发起总攻，步兵、炮兵、坦克协同作战，仅用29个小时就全歼守敌。

北平成了一座孤城。为了保护这座驰名中外的历史名城，毛泽东指导前线指挥员与傅作义的代表进行了耐心谈判。在人民解放军强大军事压力之下，傅作义最终接受解放军提出的和平条件。1949年1月31日，人民解放军进入北平，古都北平和平解放。平津战役胜利结束，共歼灭和改编国民党军52万余人。

三大战役，两军决战，规模空前，胜负立判，运筹帷幄，决胜千里，在中国战争史上、世界战争史上都是罕见的奇迹。国民党军近160万主力部队谈笑间灰飞烟灭，蒋介石反动统治的基础因此根本动摇，人民革命战争的最后胜利就要来临了。只有毛泽东这样具有指挥千军万马、气吞山河的伟略的人，才具有这样的政治、军事战略判断与指挥的能力。在把政治和军事做完美的结合上，毛泽东在政治学和军事学上，真正是不世出的历史伟人！

毛泽东在成为马克思主义者以前的青年时期，曾说过："独服曾文正，观其收拾洪杨一役，完满无缺。使以今人易其位，其能如彼之完满乎？"比较起曾国藩收拾洪杨来，毛氏收拾蒋氏的干净利落、痛快淋漓，如果以今人易位而思，曾氏较之毛氏有如此之完满吗？否！曾氏几难望其项背矣。

（四）不断丰富发展的毛泽东军事思想

毛泽东的统帅素质的确高人一筹，但他用兵传奇传神，还有一个重要的因素，就是毛泽东周围集中了一大批军事家，将帅协谋，使得他的用兵方略不但能够得到创造性的发挥，而且可以不断地丰富发展。

从井冈山起朱德就与毛泽东并肩统帅红军。德高望重的朱德既是三军总司令，也是毛泽东所倚重的搭档。周恩来是中共中央早期的军事领导人，后来成了毛泽东得力的助手。毛泽东确定的大政方略，周恩来总是能够心领神会，创造性地部署实施。风雨同舟，心心相印，共同指导中国革命战争走向胜利。还有彭德怀、刘伯承、邓小平、贺龙、陈毅、林彪、罗荣桓、聂荣臻、徐向前、叶剑英、粟裕、陈赓等帅才和将才。毛泽东的麾下集中了中国最优秀的军事将领。毛泽东的统将原则是:"大权独揽,小权分散",用人不疑,疑人不用,将能而君不御。在军事上,毛泽东只作战略和战役的规划与设计,具体的战术行为,由前线将领去执行,毛泽东从不"遥制"。在这一点上,蒋介石是不可与他相比拟的。

毛泽东创造了中外战争史上的神话,他的用兵如神,不仅赢得了全党、全军的敬仰,而且也折服了他的对手。曾与毛泽东沙场较量二十几年的蒋介石败退台湾岛后,曾经对国共两党军队的作战思想做了一番绝妙的对比,他说:"共匪自江西以来,因为兵员缺乏,武器寡劣,谈不上军事科学,故以我国古代的军事哲学为基本思想,讲求奇正虚实,讲求运用变化,寓生活于战斗,寓训练于战场,翻陈出新,千锤百炼,狡诡虞诈,神出鬼没,极尽战争艺术化之能事。故其战术思想是基于军事哲学的反复实践而形成统一的一套。""我军则以军事科学为军官学校训练的范本,于是学德国、学日本、学苏俄、学美国,东抄西袭,各鸣其是。头脑先入主观,门户各不相下,对外国的军事科学未得皮毛,反将自己的传统的军事哲学抛弃无遗,逐渐变成死的训练、死的指挥、死的战法,而无战术思想可言。"①

蒋介石的话有些道理,但他没有搞清的是,毛泽东指导战争,最坚实的基础是人民战争,所有用兵韬略都建立在人民战争基础之上。在决定战争胜负的各种因素中,毛泽东最关注的是人心所属。

人民,只有人民,才是创造历史的根本动力。毛泽东向来鄙视英雄史观,因而把中国革命战争定性为人民战争,更准确地说,基本上或者说主要是农民的战争。他说:中国五个人里面,有四个是农民。割掉四个,用一个指头去打帝国主义,无产阶级就会孤立,变成无军司令。

毛泽东把红军和革命战争的根扎到了农村,走出一条以农村包围城市,最后夺取城市的胜利之路。农村成为滋养中国革命战争的沃土,农民的支持也支撑起了人民军队的脊梁。淮海战役,人民解放军参战

---

① 秦孝仪主编:《先总统蒋公思想言论总集》第 23 卷,台北"中央党史委员会",1984 年,第 99—100 页。

兵力60万，在其身后是来自山东解放区和其他解放区的数百万人民群众！陈毅元帅深情地说：淮海战役的胜利是山东老百姓用小车推出来的。这就是毛泽东所绘就的人民战争壮丽画卷。毛泽东悟出了战争制胜最深刻的因素，也找到了动员人民支持战争的最有效的手段。有了人民作为靠山，毛泽东不惧怕任何敌人，也有信心战胜任何敌人。中华民族历来崇尚正义、热爱和平，也历来不畏强暴、不屈服于任何外来压力。历史经验已经证明"依靠人民，再加上一个比较正确的领导，就可以用我们的劣势装备战胜优势装备的敌人"。[1] 这就是他所领导的军队无往而不胜，他所指导的战争无敌而不克的根本原因。

毛泽东所指导的战争已经成为历史，毛泽东的用兵韬略已经成为经典。岁月流逝，毛泽东已经离开我们47年了，世界发生了巨大变化，战争变得样式全新，信息化战争正向我们扑面而来。各种各样新奇的战争理论竞相出台，让人目不暇接。毛泽东的用兵韬略是否依旧适用于现代作战，这是一个时代的课题，也是我们必须面对的课题。不管技术怎么进步，武器怎么变化，人的因素总是第一位的。只要明白这一点，毛泽东的用兵韬略、毛泽东的军事思想，都将永远闪烁耀眼的光辉。

---

[1] 刘金质等编：《中国与朝鲜半岛国家关系文件资料汇编（1991—2006）》下卷，中国社会科学出版社2000年版，第708页。

五

创建中华人民共和国的
历史伟业

中华人民共和国成立已经 74 周年。中华人民共和国的成立是中国历史上的伟大事件，也是世界历史上的伟大事件。正是这个伟大事件改变了中国历史发展的方向，也深刻影响了世界历史发展的进程。

在缔造中华人民共和国的伟人名单中，毛泽东应该列在第一位。毛泽东的雄才伟略，也突出地表现在创建新中国的历史册页上。

（一）筹建人民的新国家

毛泽东作为一个历史上少见的具有伟大战略目标的历史人物，眼光总是向着前方。在实现一个战略目标的时候，就在谋划着下一个战略目标。

1947 年 10 月，当人民解放军全面转入战略进攻后不久，毛泽东在《中国人民解放军宣言》中提出了"联合工农兵学商各被压迫阶级、各人民团体、各民主党派、各少数民族、各地华侨和其他爱国分子，组成民族统一战线，打倒蒋介石独裁政府，成立民主联合政府"

的主张①。1948年4月30日，经毛泽东审定，中共中央纪念五一劳动节口号颁布，口号中发出了"迅速召开政治协商会议"，讨论"成立民主联合政府"的号召②。同年5月1日，毛泽东致信中国国民党革命委员会主席李济深和中国民主同盟中央常务委员（在香港主持盟务）沈钧儒，提议由中共中央、民革中央、民盟中央发表联合声明倡议召开政治协商会议，"成立民主联合政府""拟订民主联合政府的施政纲领"③。同年8月起，根据毛泽东的指示，在周恩来的周密安排下，原在国民党统治区的各民主党派、爱国民主人士和海外华侨代表，陆续进入东北和华北解放区。1949年1月，毛泽东和周恩来又致函在上海的宋庆龄："新的政治协商会议将在华北召开，中国人民革命历经艰辛，中山先生遗志迄今始告实现。至祈先生命驾北来，参加此一人民历史伟大的事业，并对于如何建设新中国予以指导。"④

1948年12月30日，毛泽东为新华社写了一篇题为《将革命进行到底》的新年献词，明确指出：必须"用革命的方法，坚决彻底干净全部地消灭一切反动势力，不动摇地坚持打倒帝国主义，打倒封建主义，打倒官僚资本主义，在全国范围内推翻国民党的反动统治，在全国范围内建立无产阶级领导的以工农联盟为主体的人民民主专政的共和国。这样，就可以使中华民族来一个大翻身，由半殖民地变为真正的独立国，使中国人民来一个大解放，将自己头上的封建的压迫和官僚资本（即中国的垄断资本）的压迫一起掀掉，并由此造成统一的民主的和平局面，造成由农业国变为工业国的先决条件，造成由人剥削人的社会向着社会主义社会发展的可能性"⑤。这个新年献词是在三大战略决战即将结束、尚未结束的时候写的，是蒋介石政权在大陆即将

---

① 《毛泽东选集》第4卷，人民出版社1991年版，第1256页。

② 中央档案馆编：《中共中央文件选集》第17册，中共中央党校出版社1992年版，第146页。

③ 《毛泽东文集》第5卷，人民出版社1996年版，第90页。

④ 同上书，第237页。

⑤ 《毛泽东选集》第4卷，人民出版社1991年版，第1375页。

垮台、尚未完全垮台的时候写的，是把前后两个战略目标完满结合起来的典型范例。三大战略决战即将结束，进军江南，解放全中国的任务即将实施，下一步最重大的目标就是建立中华人民共和国。这是中国共产党人奋斗了20多年所要达到的目标。除了继续指挥解放全中国的胜利进军，毛泽东把许多时间和精力都花在筹建长期以来梦寐以求的人民共和国上。

新年过后，斯大林派米高扬来到中共中央所在地西柏坡，听取中共中央对于未来的规划与设计。毛泽东、周恩来、任弼时与米高扬详谈了对于未来新国家的设想。① 接着举行中共七届二中全会，毛泽东阐述了建设新国家的全盘规划，提出了党的工作重心由乡村移到城市这样一个重大的战略转移问题。他说，从1927年到现在，我们的工作重点是在乡村，在乡村聚集力量，用乡村包围城市，然后取得城市。采取这样一种工作方式的时期已经完结。"从现在起，开始了由城市到乡村并由城市领导乡村的时期。"当然，城乡必须兼顾，决不可以丢掉乡村，仅顾城市。但是党和军队的工作重心必须放在城市，必须用极大的努力去学会管理城市和建设城市。在城市斗争中，必须全心全意地依靠工人阶级、团结其他劳动群众，争取知识分子，争取尽可能多的能够同共产党合作的民族资产阶级分子及其代表人物，以便向帝国主义者、国民党、官僚资产阶级作坚决的斗争。城市中的其他工作，都必须围绕着生产建设这个中心工作并为这个中心工作服务。

对中国的经济状况，毛泽东指出：中国已经有大约百分之十的现代性的工业经济，这是进步的；还有大约百分之九十的分散的个体的农业经济和手工业经济，这是落后的。在现代性的工业经济中，最大的和最重要的资本是集中在帝国主义者及中国的官僚资产阶级手里。没收这些资本归无产阶级领导的人民共和国所有，就使人民共和国掌

---

① 米高扬回国前对担任翻译的师哲说："毛主席有远大的眼光，高明的策略，是很了不起的领袖人物。"参见师哲《在历史巨人身边》，中央文献出版社1991年版，第375—384页。

握了国家的经济命脉，使国营经济成为整个国民经济的领导成分。这一部分经济，是社会主义性质的经济。占第二位的是私人资本主义工业，它是一个不可忽视的力量。为了整个国民经济的利益，为了工人阶级和劳动人民现在和将来的利益，对于私人资本主义经济决不可限制得太死，必须容许它们在人民共和国的经济政策和经济计划的轨道内有存在和发展的余地。在中国革命取得全国胜利，并且解决了土地问题以后，实行"对内的节制资本和对外的统制贸易"，是我国在经济斗争中的两个基本政策。

关于对外政策，毛泽东指出："我们不承认国民党时代的任何外国外交机关和外交人员的合法地位，不承认国民党时代的一切卖国条约的继续存在，取消一切帝国主义在中国开办的宣传机关，立即统制对外贸易，改革海关制度。""在做了这些以后，中国人民就在帝国主义面前站立起来了。"全国胜利以后，我们愿意按照平等原则同一切国家建立外交关系，但是从来敌视中国人民的帝国主义，只要他们一天不改变敌视的态度，我们就一天不给他们在中国以合法的地位。对于普通外侨，则保护其合法的利益，不加侵犯。至于同外国人做生意，那是没有问题的，有生意就得做，我们必须尽可能地首先同社会主义国家和人民民主国家做生意，同时也要同资本主义国家做生意。

毛泽东响亮地提出："召集政治协商会议和成立民主联合政府的一切条件，均已成熟。一切民主党派、人民团体和无党派民主人士都站在我们方面。""我们希望四月或五月占领南京，然后在北平召集政治协商会议，成立联合政府，并定都北平。"我们要建立一个"无产阶级领导的以工农联盟为基础的人民民主专政"的国家。

在七届二中全会上，毛泽东热情洋溢地指出中国革命胜利的巨大意义，提醒全党要防止因胜利而骄傲、以功臣自居、停顿起来不求进步、贪图享乐不愿再过艰苦生活等情绪的滋长，要警惕别人用糖衣裹着的炮弹的攻击。他说："夺取全国胜利，这只是万里长征走完了第一步。"革命以后的路程更长，工作更伟大、更艰苦。他告诫全党："务必使同志们继续地保持谦虚、谨慎、不骄、不躁的作风，务必使同志们继续地保持艰苦奋斗的作风。""我们不但善于破坏一个旧世界，我们还将善于建设一个新世界。"① 这是毛泽东在中华人民共和国成立前夕对中国共产党全体党员，对全国人民，对愿意与中共站在同一立场上的民主党派和无党派民主人士，也是对全世界人民说的话，至今仍是警醒中国共产党人的至理名言，鼓舞着中国人民世世代代为实现中华民族复兴的梦想而奋斗。

这次会议后，筹建新中国的步骤明显加快了。1949年6月15日，毛泽东从香山双清别墅移住北平城内中南海丰泽园菊香书屋，从这天开始，新政治协商会议筹备会议第一次全体会议在北平中南海勤政殿召开，中国共产党和各民主党派、无党派民主人士及各人民团体等23个单位的代表共134人出席了这次会议。

1949年9月21日下午7时，毛泽东在中南海怀仁堂出席中国人民政治协商会议第一次全体会议。9月27日，政协第一届全体会议一致通过《中华人民共和国中央人民政府组织法》《中国人民政治协商会议组织法》；决定中华人民共和国的国都定于北平，自即日起改名北平为北京；中华人民共和国的纪年采用公元，今年为1949年；中华人民共和国的国歌未正式制定前，以《义勇军进行曲》为国歌；中华人民共和国的国旗为五星红旗，象征中国革命人民的大团结。9月29日，政协第一届全体会议一致通过《中国人民政治协商会议共同纲领》（以下简称《纲领》），《纲领》包括序言和总纲、政协机关、军事制度、经济政策、文化教育政策、民族政策、外交政策七章。这是一部中国人民的临时宪法。9月30日，政协全体会议选出毛泽东等为政协全国委员会委员；选举毛泽东为中央人民政府主席，朱德、刘少奇、宋庆龄、李济深、张澜、高岗为副主席，陈毅、周恩来等56人为中央人民政府委员。②

1949年10月1日，下午2时，毛泽东在中南海勤政殿主持召开

---

① 《毛泽东选集》第4卷，人民出版社1991年版，第1438—1439页。
② 金冲及主编：《毛泽东传（1893—1949）》，中央文献出版社1996年版，第944页。

中央人民政府委员会第一次会议，中央人民政府宣告成立。会议接受《中国人民政治协商会议共同纲领》为政府施政方针。随后，毛泽东和中央人民政府委员会全体委员，分别乘车驶向天安门。车队开出中南海东门，缓缓而行，穿进故宫，直接开到天安门城楼下。毛泽东同中央人民政府委员会的全体委员，沿着城楼西侧的古砖梯道拾级而上，登上天安门城楼。当毛泽东出现在主席台时，广场上30万群众立即沸腾起来，欢呼雀跃，无数面鲜艳的红旗迎风招展，场景十分壮观。下午3时，开国大典隆重开始，中央人民政府秘书长林伯渠宣布开会。毛泽东走近麦克风前，用洪亮的声音向全中国、向全世界庄严宣告：“中华人民共和国中央人民政府已于本日成立了。”[①]

从此，中国的历史揭开了新的一页。一个旧时代过去了，一个新时代开始了，占世界人口四分之一的中国人站起来了，中国人民开始真正做了历史的主人。

1949年10月1日中华人民共和国成立，标志着近代中国反帝反封建斗争的最后胜利，是从旧民主主义革命到新民主主义革命各阶段经验教训的总积累。这是百年间中国历史的一个具有伟大历史意义的里程碑，是中华五千年历史的一个伟大的里程碑。它结束了鸦片战争以来半殖民地半封建社会，结束了两千年封建专制制度的历史轨迹，终止了中国可能走向资本主义世界体系的发展趋势，结束了极少数压迫者、剥削者统治广大劳动人民的历史，结束了国家四分五裂、征战不已、人民生活贫困、生灵涂炭的局面。中国人民第一次看到一个独立、统一、人民当家做主的新中国屹立于世界。

（二）从近代中国的历史看中华人民共和国成立的历史意义

为了说明中华人民共和国成立的伟大历史意义，我们首先回顾一

[①] 逄先知、金冲及主编：《毛泽东传（1949—1976）》，中央文献出版社2003年版，第1—3页。

下中华人民共和国成立以前的中国和世界。

中国是世界上历史最悠久的文明古国之一。封建社会就经历了两千多年。到1840年因为英国发动的侵华鸦片战争，而进入它的近代。从1840年至1949年之间的历史，是中国有史以来变化最剧烈的时期，是中国落后挨打并逐步走向半殖民地半封建社会的时期，是中国人民在民族危亡面前不断觉醒，为了国家独立、民主和社会现代化而奋起反抗帝国主义侵略和封建统治者的时期，是中国社会由旧民主主义革命转向新民主主义革命的时期，是旧中国走向新中国的关键时期。

1842年8月，清政府在鸦片战争中失败，被迫签订不平等的《南京条约》，从此，中国被套上不平等条约体系的枷锁。那时候，西方资本主义正在上升期，急于在世界各地寻找殖民地并开拓世界市场，促使自由资本主义发展为帝国主义，为此不惜在20世纪上半叶发动了两次世界大战。中国因为长期坚守封建制度，特别在明末清初实行禁海政策，封闭了国人的眼界，郑和下西洋那样壮丽的情景不能再现。清初虽然出现过康乾盛世局面，依然是在封建社会的基本政治经济制度上的自身发展，比起资本主义在世界各地取得的生产力进步，中国总体上是大大落后了。这就使中国突然面对西方势力来侵的时候，处在被动挨打的局面。世界上所有发展中的资本主义国家纷至沓来，都想从中国身上瓜分一块肥肉。尤其是甲午战争后，欧美列强看见东方刚刚崛起的小国日本打败了中国，便认为这个东方巨人已经躺在"死亡之榻"上，瓜分这个巨人"遗产"的时机已经到来，便纷纷在中国抢占租借地，划分势力范围，获得各种政治、经济利益。清朝廷名义上保持着独立的地位，中国实际上濒临被瓜分的状态。在近代中国历史上，中国首都三次被外国武装势力占领：第一次在1860年10月，英法联军占领北京，朝廷"北狩"热河，被迫签订《北京条约》，此前，世界上壮丽无双的皇家园林圆明园被侵略者焚之一炬；第二次在1900年8月，八国联军占领北京，朝廷仓皇逃亡西安，并且被迫签订《辛丑条约》。八国联军分治中国京师，为了侮辱中国，八国联军在紫禁城举行分列式，武装通过皇宫；第三次在1937年12月，日本侵略军占领中国首都南京，实行惨绝人寰的大屠杀，酿成历史上极为少见的人间惨剧。中国的首都被迫迁至重庆。此后，日本帝国主义的铁蹄踏遍了华北、华东、华中、华南大半个中国的领土。

近代资本—帝国主义迫使弱小国家签订不平等条约，是资本主义体系中最恶劣的国际关系准则。中国作为一个封建大国，面对西方资本主义体系先进的生产关系和生产力，是一个落后的弱小国家。近代中国被迫同资本—帝国主义列强签订一系列不平等条约，是导致中国成为半殖民地半封建国家的重要因素之一。这个不平等条约体系的危害极大，第一，极大地破坏了中国的领土主权完整。包括领土割让、出让领土管制权、租借地和租界、引水权、军舰驻泊权、内河航行权、驻军权；第二，单方面开放通商口岸；第三，破坏了中国的关税自主权；第四，破坏了中国司法主权的完整；第五，规定片面最惠国待遇，任何一个外国都可以沿用这种规定，从中国索取利益；第六，规定鸦片自由贸易；第七，规定自由传教；第八，涉及大量对外赔款。资本—帝国主义对中国的侵略战争，侵犯中国领土、破坏中国主权、屠杀中国军民、掠夺中国财产，给中国造成极大的损害，帝国主义是加害的一方，中国是受害的一方，中国理应向它们索取赔偿。但是战争结果，帝国主义却迫使中国付出昂贵的赔偿代价。对外赔款是近代中国的一项沉重负担。对外战争赔款发生在清政府统治时期，索赔国包括英、法、日、俄、美、德、奥、意等所有资本—帝国主义强国，这在世界史上是绝无仅有的。战争赔款以外，还有教案赔款等其他名目的赔款。各项赔款，粗略统计，清政府时期（1841—1911），实际赔款总额达到9.65亿两白银，民国时期（1912—1949）为6000多万银元。赔款实际情况还要复杂许多。为了赔款，中国向西方银行大量借款，损失利息、回扣以及其他权益众多。

在不平等条约体系下，中国的独立、主权已经降到不可能再低的程度了！中国人的政治、经济和精神生活受到了无比的盘剥和压迫。这就是半殖民地半封建社会的中国。到了20世纪初，即《辛丑条约》签订以后，无论从国际关系的角度说，还是从国内历史进程的角度说，中国国势的"沉沦"都到了"谷底"。

在失败和屈辱中，中国的先进分子在思考并且开始觉醒起来。一批早期改良派的思想家对洋务运动颇多批评。他们批评洋务派只知道"师夷长技"，徒袭西艺之皮毛，未得西艺之要领。于是，康有为、梁启超在光绪皇帝的支持下，发动戊戌变法，百日之内，政治、经济、军事、法律、学校教育诸方面的诏谕，像雪片一样飞来，看似轰轰烈烈、大有作为的样子。政变随之而来，光绪被囚，康梁逃亡，六君子喋血菜市口。华北农民以著名的义和团形式的反帝爱国行动也失败在血泊中。这样的顽固的封建专制统治，岂能领导国家的改革和进步。

　　孙中山是20世纪初深刻揭示中国社会发展方向的杰出革命家。在艰难的探索中，他鲜明地提出民族、民权、民生三大主张，开创了完全意义上的中国近代民族民主革命。辛亥革命获得成功，摧毁了在中国沿袭两千年的封建帝制，建立了按照资产阶级民主政治理念设计的新的国家形式。但是辛亥革命后，国家政权毕竟为袁世凯和北洋军阀所掌握，军阀争战，国无宁日，民不聊生，国家的独立和民主富强仍旧没有希望。

　　先进知识分子毅然举起民主与科学的旗帜，从思想、道德和文化方面对封建主义进行深刻的批判，从而揭开思想启蒙的序幕。一些人对资本主义社会产生怀疑，提出了改造中国社会的方案。俄国十月革命对他们产生了重要影响，他们看到劳动者第一次成为国家的主人，认为这是"社会主义的胜利"，"世界劳工阶级的胜利，是二十世纪新潮流的胜利"[1]，预言将来的环球，必是赤旗的世界。这种主张影响了新文化运动方向，成为推动、影响五四运动发展方向的力量。五四时期，马克思主义在中国的广泛传播以及中国内忧外患的加剧，促使先进的知识分子聚集在马克思主义的旗帜下。1921年中国共产党的成立，并成为中国革命运动的领导者，正是适应了历史的需要。

　　20世纪20年代，在中国共产党的帮助下，中国国民党召开第一次全国代表大会，中国政治舞台上经历了第一次国共合作打败北洋军阀的胜利，但是蒋介石要垄断国民革命的领导权，背叛国共合作，造

---

[1] 李大钊：《布尔什维主义的胜利》，《新青年》第5卷第5号，1918年11月15日。

成合作破裂、国共内战的局面。1937年，由于日本帝国主义发动全面侵略中国的战争，中国共产党与中国国民党在空前的民族危机面前再次携手合作，动员全国人民，共同抗击日本侵略者，在苏联、美国、英国等盟国支持下，最后取得抗日战争的胜利。而后，蒋介石坚持国民党独裁统治导致合作的破裂。在这个过程中，以毛泽东为代表的中国共产党人把马克思列宁主义与中国革命实践相结合，产生了毛泽东思想，产生了新民主主义革命的理论以及在这一理论指导下反帝反封建的战略和策略，提出了引导中国革命走向胜利的正确方针，指明了中国必须先经过新民主主义，然后进入社会主义的发展道路，为新中国的建立奠定了深厚的政治和思想基础。

（三）中华人民共和国的成立开始了中华民族复兴的历史新纪元

1949年10月，中国历史上一个空前统一的人民共和国诞生了。

中国的地理版图在清朝中叶基本上确定了。经过鸦片战争以后多次因战争失败对外割让土地，大体上形成了中华人民共和国成立时的国土面积。新中国在这个版图上形成了省、民族自治区、直辖市这样一种行政体制。省以上是中央人民政府（1954年《宪法》规定"中华人民共和国国务院，即中央人民政府"）。这样的行政体制，大大加强了国家的统一性和行政效率。1949年前的近代中国，是一个分散而虚弱的国家。分散被人称为"一盘散沙"，虚弱的另一称呼是"东亚病夫"。从晚清到民国，国家的行政体制始终未能一致，指臂不灵，尾大不掉，中央政府始终不能有效地号令全国。新疆在1884年建省，台湾在1885年建省，东北三省在1907年才建省，内蒙古的绥远、察哈尔等地以及宁夏、青海等地，很晚才建省，西藏还分前藏、后藏，以地方之名称呼。边远地区不少地方还是土司掌管，改土归流远未完成。有些地方实行奴隶制度，康藏地区还是政教合一的封建农奴制度。大汉族主义盛行，民族压迫严重，民族矛盾极其尖锐。从湘军、淮军到北洋六军,各占地盘,完全没有大局观念。地方军阀,各拥武装。国民党政府时期,不断有新军阀之间战争,桂系、滇系、川系、晋系、西北五马,等等。各掌门户,分裂、分散,征战不已,人民涂炭。国民党政府何时真正统一过全国?新中国一改旧观,全国行政区划归于统一。各民族一律平等,实行民族区域自治制度,各民族间的关系逐渐走向和谐。稳定物价,镇压反革命破坏活动,消灭土匪黑道,清理整治妓女,全国社会秩序迅速归于平静,人民生活在祥和之中。这不仅是近代中国不曾有的,也是几千年的历史上不曾真正出现过的。

1997年7月1日香港从英国管辖下回归祖国怀抱,1999年12月20日澳门从葡萄牙管辖下回归祖国怀抱。这两件事实,洗去了近代中国不平等条约加诸中国最后的耻辱。金瓯完璧,领土主权的完整实现了。这在旧中国是不能解决、不可想象的。

新中国成立,奠定了社会主义的经济基础,对中华民族的复兴事业具有长远的意义。

鸦片战争以后,中国逐步成为半殖民地半封建社会,原有的经济结构被打破,中国社会在地主制和农民小生产经济的汪洋大海中产生了资本主义经济。在华外国资本主义经济、中国官僚资本主义经济和民族资本主义经济是那时中国资本主义经济的主要形式。民族资本主义经济受到外国资本主义和本国官僚统治的严重制约,得不到顺利发展。从1895年到1943年,中国被帝国主义国家勒索大约10亿两白银的赔款。这给中国政府和中国人民造成极其沉重的负担。帝国主义还控制了中国的对外贸易和国内贸易,垄断了中国的金融。1928年外商垄断组织的贸易占中国对外贸易额的90%。外商在中国的航运吨位1928年达到全国的77.7%。在工矿业中,外国人在中国煤矿业的投资额1926年占中外投资额的72%。1937年后,日本全面入侵中国,其他帝国主义国家纷纷撤出,日本为了"以战养战",培植其侵略中国的战争事业,在华投资额骤增,加紧了对中国各行业的控制和掠夺。总之,帝国主义对中国的经济侵略严重阻碍了中国民族资本主义的发展,阻碍了中国的社会进步。

官僚资本是指国民党统治时期利用政治特权,控制官私企业形成的国家垄断资本。官僚资本是半殖民地半封建社会形态下特有的经济成分，它对外勾结帝国主义，对内勾结封建势力，依靠国际金融垄断资本，排挤民族资本，操纵国家经济命脉，构成独裁统治的经济基础。凡属国家垄断资本、四大家族控制的资本以及国民党大官僚的资本，概属官僚资本。官僚资本控制了全国银行总数的70%，产业资本的80%，控制了全部铁路、公路、航空运输和44%的轮船吨位。

没收封建地主阶级的土地归农民所有，没收官僚垄断资本归国家所有，保护民族工商业，是新民主主义的三大经济纲领。中央人民政府甫一成立，立即实施没收官僚资本为人民的国家所有。1949年年底基本完成。后来估算，按固定资产原值计算，没收接管的官僚资本财产约值人民币150亿元（按新币计算）。对于在华1300多家外国资本企业，没有采取直接没收的政策，而是首先废除了外国资本企业依据不平等条约所享有的经济特权，然后通过监督和管制、收购、征购等办法，妥善处理外国在华企业。到1952年年底，基本上清理了帝国主义在华的经济势力。新中国在这个基础上建立起强大的国营经济，这个经济是社会主义性质的，它形成了人民共和国的物质基础，成为走向社会主义社会的经济基础，是整个国民经济的领导力量。为了发展中国的经济，新生的人民共和国并不没收其他资本主义的私有财产，并不禁止"不能操纵国民生计"的资本主义生产的发展。

完成土地改革，是新中国成立之初一项重大社会改革成就。1950年中央人民政府颁布的《土地改革法·总则》指出："废除地主阶级封建剥削的土地所有制，实行农民的土地所有制，借以解放农村生产力，发展农业生产，为新中国的工业化开辟道路。"据1952年的调查材料，全国解放以后，占农户不到7%的地主、富农占耕地总数的50%以上，占农户57%以上的贫雇农占耕地总数的14%。地主土地所有制，是封建社会的经济基础。不破除地主土地所有制，不实行"耕者有其田"，民主革命的任务就不能完成，民主革命的下一步任务——社会主义的方向就难以达成。到1952年年底，全国新解放区的土地改革基本完成。这是民主革命取得最后胜利的重要标志。由于土地改革的完成，农民成为新生的人民共和国的基本支持力量，也为农民走上社会主义道路作了很好的铺垫。

中华人民共和国的成立，开创了中国现代化的新契机。我们看到，从1840年到1949年，中国的现代化是屡遭挫折的、扭曲的、失败的、屡次失去发展机遇的。现代工业只是星星点点地分布在若干城市。工业产值只占国民经济总产值的百分之几（一说百分之十几），中国仍然是一个传统的农业大国。中国真正走上现代化的发展道路，并且改变中国传统农业大国的地位，是在1949年中华人民共和国成立之后。历史已经证明了，中国现代化的历史进程，是在1949年以后大规模开启的；1978年以后，中国现代化的进程更加快了步伐。

新中国成立，确立了中华人民共和国的基本政治制度，中国历史迈入了长治久安的局面，中华民族的复兴有了可靠的政治保证。

在近代中国，政治制度经历了一个变化的过程。清朝末年，在国内外情势的压迫下，清廷曾派五大臣出洋考察政治，最终形成了试行君主立宪制度的基本想法。但是在慈禧的专制下，除了增加几个部以外，不准动摇封建制度的根基。慈禧和光绪死后，清朝产生了皇族内阁，内阁成员多由皇族成员充任。孙中山领导的辛亥革命，成功地推翻了封建专制的政治制度，希望走上资产阶级民主共和政治道路。但是，辛亥革命的胜利成果为清朝末年最后一任内阁总理大臣袁世凯所窃取。民国初年，在民国的招牌下，也曾试行政党政治、议会制。国民党控制了议会多数，国民党的实际领导人宋教仁真心想走议会道路，却被窃取总统权力的袁世凯指使人暗杀。袁世凯又以武力镇压了孙中山发动反袁"二次革命"，宣布取消国民党，取缔国民党员的议员资格，从而确立了袁世凯的独裁统治，这也等于在历史上宣布了政党政治的失败。此后，军阀混战，曹锟"贿选"，把议会政治的外衣也撕去了。从此，老百姓对政党政治、议会道路彻底失望了。国民党政府在南京建立后，试行"训政"制度，由国民党一党独裁。在国民党发动的内战紧张时刻，1948年3—4月南京召开国民大会（所谓"行宪国大"），选举蒋介石为总统。国大又通过了《动员戡乱时期临时条款》，授予总统"紧急处分权"，规定"动员戡乱"时期的终止与否由总统决定，实际上否定了"行宪"，维持了"训政"，维持了蒋介石的独裁统治。

中国共产党一向追求在中国建立民主政治，反对封建专制制度，反对法西斯专政的政治制度。在江西苏区建立苏维埃共和国，试行人民代表大会的民主制度；在陕甘宁边区，实行各革命阶级联合的抗日民族统一战线的政治制度，开始摸索能够体现绝大多数人民意愿的民主制度。

半殖民地半封建的中国转变为无产阶级领导的人民共和国，应该实行什么样的政治制度？中国共产党在抗日战争期间就提出了自己的主张。毛泽东在《新民主主义论》中指出：无产阶级领导下的一切反帝反封建的人们联合专政的民主共和国，这就是新民主主义的共和国。在这种国体下的政权构成形式，就是全国人民代表大会直到乡人民代表大会的系统，由各级人民代表大会选举政府。1945年4月，在抗日战争即将取得全面胜利，在决定中国未来命运的关键时刻，中国共产党召开了第七次全国代表大会，毛泽东在大会上所作的《论联合政府》的政治报告中阐述了中国共产党的建国主张。他指出："我们主张在彻底地打败日本侵略者之后，建立一个以全国绝对大多数人民为基础而在工人阶级领导之下的统一战线的民主联盟的国家制度。"[①] 至于政权组织，则由各级人民代表大会决定大政方针，选举政府，"使各级人民代表大会有高度的权力；又能集中处理国事，使各级政府能集中地处理被各级人民代表大会所委托的一切事务，并保障人民的一切必要的民主活动。"[②]

1949年9月中国人民政治协商会议通过的《共同纲领》表明，参加政协会议的各革命阶级和党派接受了中国共产党提出的建国方针。中国人民政治协商会议一致同意以新民主主义即人民民主主义为中华人民共和国建国的政治基础。这就是毛泽东在《新民主主义论》中所说的"国体"。至于政体，即指政权机关。《共同纲领》规定："中华人民共和国的国家政权属于人民。人民行使国家政权的机关为各级人民代表大会和各级人民政府。各级人民代表大会由人民用普选方法产

[①] 《毛泽东选集》第3卷，人民出版社1991年版，第1056页。

[②] 同上书，第1057页。

生之。各级人民代表大会选举各级人民政府，各级人民代表大会闭会期间，各级人民政府为行使各级政权的机关。"中国人民政治协商会议具有代表全国人民的性质，执行全国人民代表大会的职权。会议的决议代表了全国人民的意志。1954年，召开了第一届全国人民代表大会，正式通过了《中华人民共和国宪法》，选举了中央政府、国务院，任命了国务院组成人员，依法完成了《共同纲领》提出的政权机关的组成。1954年宪法奠定了中华人民共和国政治制度的基础。这个宪法在1978年后经过全国人民代表大会多次讨论修订，这个政治制度的基础得到了反复申明和强调。国家的权力运行模式经过多次改革，至今还在改革中，但是最基本、最核心的东西并未动摇。在旧中国毫无政治地位的广大工农大众，第一次成为国家的主人，他们的代表加入了各级政权机关，也成为各级人民代表构成中的主要成分。在政治制度的设计中，人民第一次成为国家的主人。这是中国历史上没有先例的。

新中国的国家权力构成和政权组成模式，是自有中国历史以来最能反映民意、最民主的模式，最能集中绝大多数人民意志的模式。这个集中人民意志办大事的模式，就是支撑中国70多年来特别是40年来经济快速发展的政治模式。我们今天讲中国特色社会主义理论体系，其中就包括了这个政治模式。这个模式，无论在封建社会还是半殖民地半封建社会都是不可能出现的。西方敌对势力总希望分化、西化中国，包括在中国推销"三权分立"之类的美国式民主模式。我们看看资本主义民主模式自身不可克服的矛盾以及累次使经济发展陷入困境的历史，我们就知道这种推销是徒劳的。

中华人民共和国的成立，一个日益强盛的新的中国在东方地平线上升起，是"第二次世界大战以后最重大的政治事件，对国际局势和世界人民斗争的发展具有深刻的永久的影响"[①]。新中国刚一成立，就通知联合国秘书长，否认国民党政府派驻联合国的外交代表，并且出席日内瓦会议、万隆会议，提出中国的主张，发出独立主权国家的声

---

① 中共中央文献研究室编：《中共中央关于建国以来党的若干历史问题的决议》，《三中全会以来重要文献选编》下，人民出版社1982年版，第793页。

音。此后新中国政府在国际社会一贯强调独立自主和平外交，强调和平共处五项原则，强调国家不论大小一律平等，反对帝国主义霸权政治，主张多极政治，主张发达国家要支持发展中国家发展经济，主张对话反对战争，等等。充分展示了新中国的国际关系理念，对构建和谐国际关系有着重要的促进作用。

六

决策抗美援朝，中国人在世界上站起来

中华人民共和国作为国际社会的平等一员，空前地提高了国际地位。这是近代中国历史上不可能实现的。

作为半殖民地半封建社会，中国的主权少到不能再少，哪里还谈得上国际地位。全民族抗战取得胜利，中国对世界反法西斯战线作出了贡献，战后成为联合国五个常任理事国之一，但是，那时的中国，还是在帝国主义的东方链条上，美帝国主义还在通过条约控制着中国，还在直接干涉中国内政，支持国民党打内战。中国还是一个没有实力支持的弱国，在战后处理欧洲问题时没有发言权，甚至中国的内政还被提到联合国的会议上加以讨论。新中国摆脱了半殖民地半封建社会，也就是摆脱了世界资本主义体系，冲破了帝国主义的东方战线，大大改变了世界的政治地图，鼓舞并支持了全世界被压迫民族和被压迫人民争取解放的斗争，具有伟大的国际意义。

新中国有明确的外交政策："不承认国民党时代的任何外国外交机关和外交人员的合法地位，不承认国民党时代的一切卖国条约的继续存在，取消一切帝国主义在中国开办的宣传机关，立即统制对外贸易，改革海关制度"①，收回驻军权和内河航行权。这一外交政策，清楚地体现了一个负责任的独立的主权国家的本质特点。只要同意上述外交政策，按照平等、互利及互相尊重领土主权等项原则，新中国可以与任何外国建立正常的外交关系。对于与资本主义各国建立外交关系，要求"各国无条件承认中国，废除旧约，重订新约"②。这又叫作"另起炉灶""打扫干净屋子再请客"③。在这个原则之下，到1950年10月，就有25个国家承认中华人民共和国，有17个国家与中国建立了正式的外交关系。有步骤地彻底清除帝国主义在中国的控制权，包括政治上的、经济上的、文化上的控制权，中国人，中国这个国家就在世界面前站起来了！中国作为一个独立的主权国家的国际地位就确定了。这是整个中国近代史时期所有志士仁人所梦寐以求的，"是一百多年来旧中国的政府所没有做到的"④，在新中国实现了。

新中国的国际地位的提高，还表现在中华人民共和国成立之初的抗美援朝战争。美国是超级大国，率领部分国家组成"联合国军"侵略朝鲜，战火燃烧到鸭绿江边，威胁中国的安全。为了保家卫国，中国人民志愿军赴朝与朝鲜人民军一起坚决抵抗了美国为首的"联合国军"的侵略。新中国建国不到一年，百废待举，百业待兴，经济十分落后，仍然不在强权面前低头，终于把美国逼到谈判桌前。一个落后的国家与世界强权国家相抗衡，全世界都另眼相看。这在近代中国是绝对做不到的。

如何应对美国发动的朝鲜战争，是刚刚成立不到一年的新中国面临的棘手问题。毛泽东和中共中央正在抓紧修复战争创伤，恢复国民经济，经过几十年战争，国家千疮百孔，百废待兴，正需要全国人民集中一切精力从事经济建设的时候，1950年6月25日，朝鲜战争爆

---

① 《毛泽东选集》第4卷，人民出版社1991年版，第1434页。

② 毛泽东：《关于周恩来去苏联参加谈判问题给中央的电报》（1950年1月3日），《建国以来毛泽东文稿》第1册，中央文献出版社1987年版，第213页。

③ 《周恩来选集》下卷，人民出版社1984年版，第86—87页。

④ 同上书，第85、86页。

发。美国对朝鲜进行了轰炸，进攻朝鲜人民军，美国侵略军的坦克在朝鲜大地上横冲直撞，同时向台湾海峡派出了第七舰队，阻止中国人民解放台湾、完成祖国统一大业的努力。从"冷战"开始以来，美国一直把朝鲜和台湾两个地区看作它在远东遏制"共产主义扩张"的桥头堡，把中国领土台湾当作自己"不沉的航空母舰"。对于这个突发事件，毛泽东说："美帝国主义如果干涉，不过三八线，我们不管，如果过三八线，我们一定过去打。"① 美国当时是世界上头号强国，中国是世界上一个非常虚弱的大国，敢于与美国打，不在美国的威慑面前抖抖瑟瑟，这表明毛泽东具有毫不畏惧任何敌人和任何困难的革命气势。毛泽东已经作出最坏可能性的准备，在迫不得已的情况下，准备同美国这个不可一世的世界头号强国直接较量。

10月初，美国为首的"联合国军"在三八线附近集结了30多万兵力，派飞机轰炸了中国东北边境安东等地，派飞机袭扰了山东青岛、烟台等地，显然存心把战火烧到中国。这时候金日成向中国政府提出了派兵支援的要求。对于是否出兵，中共中央决策层的看法不一。毛泽东作出出兵决定，还要说服其他领导人，是困难的。出兵抗美援朝，是毛泽东一生最难做出的决定之一。不出兵有很多理由，但是美国把战火打到中国了，中国不出兵怎么好。中共中央政治局最后决定派彭德怀率兵入朝。

对于这次派兵入朝的决定，彭德怀曾做过这样的评价："这个决心不容易下定，这不仅要有非凡的胆略和魄力，最主要的是具有对复杂事物的卓越洞察力和判断力。历史进程证明了毛主席的英明正确。"② 从1950年10月到1951年6月，中国人民志愿军和朝鲜人民军一起，连续发动了五次战役，共歼"联合国军"23万多人，其中包括美军8万多人，把战线稳定在三八线附近，美国及其盟国受到战略性

---

① 毛泽东会见苏共中央代表团时的谈话记录，1956年9月23日。转引自逄先知、金冲及主编《毛泽东传（1949—1976）》，中央文献出版社2003年版，第110页。

② 彭德怀在审查《抗美援朝战争经验总结》初稿时的谈话记录，1957年5月15日。转引自逄先知、金冲及主编《毛泽东传（1949—1976）》，中央文献出版社2003年版，第125页。

打击。朝鲜战争进入相持阶段,并把骄横一世的美国人逼到了谈判桌前。

双方谈谈打打,打打谈谈,毛泽东始终运用政治斗争和军事斗争两手,以打促谈,双管齐下,互相配合,针锋相对,毫不放松。1953年7月27日,朝鲜停战协定在板门店签字,结束了历时三年的朝鲜战争。当时担任"联合国军"总司令的克拉克,后来在回忆录里说,"在执行我政府的训令中,我获得了一项不值得羡慕的荣誉:那就是我成了历史上签订没有胜利的停战条约的第一位美国陆军司令官。我感到一种失望的痛苦,我想,我的前任,麦克阿瑟与李奇微两位将军一定具有同感。"[①]

一个刚刚从战争废墟中走出来的新中国,经济还那么困难,军队装备又很落后,居然能把世界一流强国的、具有现代化装备的美国军队打败,伤亡109万人,这是第二次世界大战以来的奇迹。

总结抗美援朝战争的胜利,毛泽东指出:主要是因为我们的战争是人民战争,全国人民支援,中朝两国人民并肩战斗。一个是人民战争,一个是正确的领导,终于赢得了战争的胜利。毛泽东说,"帝国主义侵略者应当懂得:现在中国人民已经组织起来了,是惹不得的。如果惹翻了,是不好办的"[②]。

抗美援朝给中国留下太多财富。我们的中华人民共和国一举将16个国家的联军击败在邻国的土地上,以无可争议的战绩宣布了自己的坚强不屈,坚强地将自己立足于世界民族之林的应有位置。如果说新中国成立前的国内战争是中华人民共和国的开国之战,那么朝鲜战争便是新中国不折不扣的"立国之战"。

历史,再一次证明了毛泽东的远见卓识:因为战争的胜利,国内民族凝聚力空前高涨,外交上国际威望空前提高,军事上则一扫人人

[①] 克拉克:《从多瑙河到鸭绿江》,英国哈拉普公司1954年版,第11页。转引自逄先知、金冲及主编《毛泽东传(1949—1976)》,中央文献出版社2003年版,第186页。

[②] 中共中央文献研究室编:《毛泽东军事文集》第6卷,军事科学出版社、中央文献出版社1993年版,第353—355页。

可欺的百年弱国形象,经济上也因为人民奋发图强,友邦大力支援而迅速恢复。

抗美援朝战争的胜利,证明中国人民真正站起来了,中华人民共和国在国际上的地位空前提高了。

七

探索中国社会主义道路

——成功与失误

十一届三中全会以前，以毛泽东为核心的党的第一代中央领导集体，为探索一条中国自己的社会主义建设道路，历经20多年的艰辛探索，既取得了许多有价值的重要成果，也经历了严重曲折，取得了正反两方面的丰富经验。这为以邓小平为核心的党的第二代中央领导集体探索中国特色社会主义道路，提供了有益的借鉴。

（一）中国走社会主义道路的必然性

新中国要走社会主义道路，是近代中国历史发展的必然结果。五四运动以后，特别是国共合作以后，是用资本主义作为国家发展的方向，还是用社会主义作为国家发展的方向，是许多人特别是知识界思考的问题，也是正在严肃思考中国社会发展方向的政党需要考虑的问题。在各种救国方案中，三民主义救中国，还是社会主义救中国影响最大。这两种思潮或者主义的传播和实施，都会影响中国社会的发展方向。在近代中国，哪一种政治势力能够领导人民赢得民主主义革命的胜利，那种政治势力就取得了引导中国走何种道路的主导权。

三民主义是孙中山在20世纪初的国际国内情势下提出来的政治思想主张，是中国资产阶级民主主义革命的基本纲领。这种主张或者纲领在1924年中国国民党第一次全国代表大会上经过孙中山的重新阐述，反映了当时国共合作反对北洋军阀的要求。1925年初孙中山去世后，随着中国国民党的分裂，三民主义思想被国民党内不同政治主张的野心家所篡改。篡改后的"三民主义"违背了孙中山"联俄、联共、扶助农工"的政策，反对马克思主义，反对社会主义学说，反对并屠杀共产党，镇压工农运动。他们宣布"承认三民主义就要收起共产主义"，坚持"一个主义、一个政党、一个领袖"。国民党脱离人民大众的利益，违背近代中国历史前进的方向，终于在决定中国历史命运的大决战中彻底败北。三民主义不能救中国，就在这样的大决战中被证实了。能够救中国的只能是经过大决战检验的新民主主义理论。毛泽东指出："只有经过民主主义，才能到达社会主义，这是马克思主义的天经地义。"① "民主主义革命是社会主义革命的必要准备，社会主义革命是民主主义革命的必然趋势。"② 只有完成前一个革命，才能进行后一个革命，两个革命是相联结的，中间不能横插另一个阶段。民主主义社会是过渡性的社会，它的前途必定是社会主义社会。这就是说，新民主主义理论明确规定了中国的社会主义发展方向。中国走社会主义道路，是历史的选择，是人民大众的选择，这个选择是在严酷的历史实践中经过了检验的。

（二）探索社会主义道路的良好开端

以毛泽东为核心的党的第一代中央领导集体对中国社会主义建设

---

① 《毛泽东选集》第3卷，人民出版社1991年版，第1060页。
② 《毛泽东选集》第2卷，人民出版社1991年版，第651页。

道路的探索，是从1956年党的八大前后开始的。

1956年，我国国内外形势出现重大变化。从国内情况看，新中国成立初的几年我国的建设照抄照搬了苏联社会主义建设的很多经验和做法。对此，毛泽东曾表示："抄"是必要的，但同时指出，"一切都抄苏联"，"总觉得不满意，心情不舒畅"[1]。毛泽东希望在苏联模式之外，另辟蹊径，探索出一条适合中国特点的社会主义建设道路来，用自己的头脑来思索问题，实现马克思主义与中国实际的"第二次结合"。

就在党和毛泽东着手探索中国自己的社会主义建设道路的同时，国际共运形势发生了巨大变化。1956年2月苏共二十大召开，会议期间，苏共中央总书记赫鲁晓夫召开了一次事先没有安排的秘密会议，在会上作了《关于个人崇拜及其后果》的秘密报告，揭露了斯大林制造个人崇拜及造成的严重后果。报告内容披露后，立即在国际社会特别是在社会主义阵营内引起了一股巨大的政治冲击波，促发了波兰和匈牙利事件。毛泽东称其为"一场解放战争"。斯大林问题的暴露，使社会主义国家的人们看到，原来一直被顶礼膜拜的苏联经验并非完美无缺，简单模仿苏联的办法终究不能代替对本国社会主义建设道路的探求，这就极大地促进了包括中国共产党人在内的各国共产党人的思想大解放，促使他们认真反思苏联模式，重新思考本国的社会主义建设道路问题。苏共二十大后，党和毛泽东以苏联弊端为借鉴，进一步加快了探索中国自己的社会主义建设道路的步伐。

在破除了对苏联模式的迷信以后，以1956年9月中共八大召开为中心，党和毛泽东立足中国国情，积极开展创造性的理论思维，就中国社会主义建设中的许多重大理论问题，进行了全方位的独立思考，取得了一系列宝贵的思想成果。

从1956年上半年到1957年夏反右派斗争严重扩大化以前，即1956年9月党的八大召开前后的一年多时间里，以毛泽东为核心的党的第一代中央领导集体就中国社会主义建设中的许多重大理论和

---

[1] 《毛泽东文集》第8卷，人民出版社1999年版，第117页。

认识问题，进行了全方位的思考，取得了一系列宝贵的思想成果。正如毛泽东所讲终于"有了我们自己的一套内容"。这些成果，集中地体现在毛泽东《论十大关系》报告、八大制定的路线和决策、毛泽东《关于正确处理人民内部矛盾的问题》的讲话以及刘少奇、周恩来等人提出的正确思想当中。这些成果主要有以下几个方面：

首先，提出了探索的指导思想和基本方针。关于指导思想，毛泽东在《论十大关系》中强调："我们的理论，是马克思列宁主义的普遍真理同中国革命的具体实践相结合。"[①] 在八大开幕词中，他又指出："把马克思列宁主义的理论和中国革命的实践密切地联系起来，这是我们党的一贯的思想原则。"[②] 关于基本方针，毛泽东在《论十大关系》中指出："我们一定要努力把党内党外、国内国外的一切积极的因素，直接的、间接的积极因素，全部调动起来，把我国建设成为一个强大的社会主义国家。"[③]

其次，依据阶级状况和国内主要矛盾的变化，作出了实现全党工作重点转移、集中力量发展生产力的战略决策。八大决议指出，社会主义制度基本建立起来以后，"我们国内的主要矛盾，已经是人民对于建立先进的工业国的要求同落后的农业国的现实之间的矛盾；已经是人民对于经济文化迅速发展的需要同当前经济文化不能满足人民需要的状况之间的矛盾"[④]。这一重要论述，实际上已把发展生产力当成了全党的中心工作。

再次，制定了既反保守又反冒进即在综合平衡中稳步前进的经济建设方针。1956年上半年，我国经济工作中出现了贪多求快的急躁冒进倾向。为纠正这一不良倾向，6月，在周恩来、陈云等人主持下，中共中央提出了既反保守又反冒进，即在综合平衡中稳步前进的经济建设方针。八大肯定了这一方针，强调应根据需要和可能，合理地规

[①] 《毛泽东文集》第7卷，人民出版社1999年版，第42页。
[②] 同上书，第116页。
[③] 同上书，第44页。
[④] 中共中央文献研究室编：《建国以来重要文献选编》第9册，中央文献出版社1994年版，第341页。

定国民经济的发展速度,把计划放在既积极又稳妥可靠的基础上,以保证国民经济比较均衡地发展。这是一个符合实际的实事求是的方针。1957年1月,陈云在省、市、自治区党委书记会议上的讲话中,提出了建设规模要和国力相适应,要保持财政收支、物资供应和银行信贷三大平衡的思想。毛泽东则在《论十大关系》等著作中指出,要正确处理农业、轻工业和重工业的关系,重视农业和轻工业的发展。

针对照搬苏联模式的弊端,提出了改革过于集中统一的计划经济体制的思想。毛泽东在《论十大关系》中,提出了正确处理中央和地方的关系以及国家、生产单位和生产者个人的关系的要求,制定了扩大地方权力,增加工厂企业"独立性"的思想。陈云在八大上提出了著名的"三个主体、三个补充"的思想:计划生产是工农业生产的主体,按照市场变化而在国家计划许可范围内的自由生产作为补充;国家市场是主体,附有一定范围内国家领导的自由市场作为补充;国营经济和集体经济是工商业生产经营的主体,附有一定数量的个体经济作为补充。毛泽东还提出,可以消灭了资本主义又搞资本主义,并称之为"新经济政策"。党的八届三中全会还通过了关于改进工业管理体制、商业管理体制和财政管理体制的三个文件,作出了扩大地方和企业权力的一些具体规定。

第四,创造性地阐述了社会主义社会的基本矛盾和两类矛盾学说。1957年2月,毛泽东在《关于正确处理人民内部矛盾的问题》的讲话中指出,社会主义社会的基本矛盾仍然是生产力和生产关系、经济基础和上层建筑之间的矛盾。社会主义社会还存在两类矛盾:一是敌我矛盾,一是人民内部矛盾,这两类矛盾性质不同,需要正确区分和处理。对敌我矛盾必须用强制的、专政的方法去解决,而对人民内部矛盾则只能用民主的、说服教育的"团结—批评—团结"的方法去解决。他明确提出,正确处理人民内部矛盾是国家政治生活的主题,必须用统筹兼顾的方法去解决,"我们的方针是统筹兼顾,适当安排"①。

第五,鉴于苏联的经验教训,提出了加强社会主义民主政治和法

---

① 《毛泽东文集》第7卷,人民出版社1999年版,第228页。

制建设的思想。党的八大借鉴苏联的经验教训，强调了充分发扬民主、加强法制建设和执政党建设以及反对官僚主义、反对个人崇拜的重要意义，在共产党和民主党派关系问题上，提出了"长期共存，互相监督"的方针；在党和国家领导制度方面，提出了废除领导职务终身制的设想；在法制建设方面，提出要把系统地制定完备的法律，健全法制，作为国家工作的迫切任务之一。

第六，针对我国科技不发达，提出了繁荣科学文化事业的正确方针。1956年1月，党中央召开知识分子问题会议。周恩来在会上代表中央指出："我国的知识界的面貌在过去六年来已经发生了根本的变化。"[①] 知识分子的绝大部分"已经是工人阶级的一部分"。社会主义建设"必须依靠体力劳动和脑力劳动的密切合作，依靠工人、农民、知识分子的兄弟联盟"[②]。毛泽东也指出：中国的社会主义建设没有知识分子是不行的，单靠老粗是不行的。中国应该有大批的知识分子。他号召全党努力学习科学知识，同党外知识分子团结一致，为迅速赶上世界先进科学水平而奋斗。4月28日，毛泽东在中央政治局扩大会议上提出了"百花齐放，百家争鸣"的方针。

此外，这一时期的探索所取得的积极成果，还有毛泽东和党中央关于可以保留一部分私人所有制的论述，关于加强和改善农业生产合作社内部经营管理问题的指示，关于学习外国经验和加强、扩大与国外的经济文化交流的思想，关于民族工作的理论与政策，等等。这些理论成果是我们党在探索中国社会主义建设道路之初，对于"什么是社会主义、怎样建设社会主义"这一重大理论和实践问题的内容。也正是有了正确的理论和政策指导，这一时期各方面的工作取得了很大的成就。

（三）探索过程中出现失误

八大以后不久，由于一些突发事件的发生和国内外多种因素的共

[①] 《周恩来选集》下卷，人民出版社1997年版，第359页。

[②] 同上书，第160页。

同作用，探索中提出的正确思想和决策，大都未能在实践中很好地坚持下去，有的被放弃了，有的甚至走向了反面。从1957年反右派斗争扩大化，到1958年至1960年"大跃进"运动结束，党对社会主义建设道路的探索经历了曲折。

反右派斗争严重扩大化 1957年春天发动的整风运动，是加强执政党建设和社会主义民主政治建设的重要尝试。其目的是通过整风，纠正党内存在的日益严重的官僚主义、宗派主义和主观主义。1957年4月27日，中共中央发出《关于整风运动的指示》，整风开始后，党外人士畅所欲言，提出了许多中肯的意见。但同时，也出现了极少数右派分子乘机向党和新生的社会主义制度进攻的情况。中共中央及时注意到少数右派分子向党进攻的情况。5月中旬以后，中央多次召开会议，部署反右派斗争有关事宜。6月8日，中共中央发出了《关于组织力量准备反击右派分子进攻的指示》，要求各级党委立即对右派分子进行反击。6月19日，毛泽东《关于正确处理人民内部矛盾的问题》的讲话公开发表，其中提出了区分"香花"和"毒草"的六条政治标准。7月，中共中央在青岛召开省市委书记会议，要求继续深入开展反右派斗争。9月20日至10月9日召开的八届三中全会决定，在一切已经基本上实现了社会主义改造的少数民族地区和少数民族人口中，适当地进行反右派斗争。

就在八届三中全会上毛泽东指出"无产阶级和资产阶级的矛盾，社会主义道路和资本主义道路的矛盾，毫无疑问，这是当前我国社会的主要矛盾"。[①]1958年5月召开的党的八大二次会议正式肯定了这一观点，并将这一主要矛盾存在的时间拉长为"整个过渡时期，也就是说，在社会主义社会建成以前"。这一错误分析和判断，成了党在以后相当长时间内屡犯阶级斗争扩大化错误，甚至无中生有地制造阶级斗争的重要理论根源。为了维护党的领导，捍卫新生的社会主义制度，对极少数右派分子的进攻进行反击，是完全必要和正确的。但反右派

---

① 中共中央文献研究室编：《建国以来重要文献选编》第10册，中央文献出版社1994年版，第606页。

斗争却被严重扩大化了。有55万多人被划为"右派分子",大批干部、知识分子和爱国民主人士遭到了错误打击。反右派斗争扩大化还改变了党的八大对我国社会主要矛盾的判断。这就使党在以后一段时期内很难把工作重心放到经济建设上来。

急于求成的"大跃进"运动 社会主义制度建立后,特别是在破除了对苏联模式的迷信后,党和毛泽东认为,中国人口众多,又有党的强有力领导,有多方面条件可以用比苏联更快更好的速度进行社会主义建设,加快改变中国贫穷落后的面貌。自1955年下半年起,毛泽东一直追求一种较高速度的新的经济发展方法。他还提出了一系列有着重大影响的口号、任务和观点:一是在1957年11月率团参加莫斯科各国共产党和工人党代表会议期间,提出了在15年或者更多一点时间内,在钢铁等主要工业产品的产量方面赶上和超过英国的口号。二是审定和批准发表了多篇《人民日报》社论,提出了"大跃进"的口号和要把计划指标订得尽可能"先进"些的要求。三是主持制定了《工作方法六十条(草案)》,提出要实行生产计划两本账,实际上是要求各地区、各部门在指标方面层层加码。四是八大二次会议制定了急于求成、忽视客观规律的"鼓足干劲,力争上游,多快好省地建设社会主义"的总路线,提出了工业、农业和教育等方面的一系列高指标。这次会议后便兴起了以高指标、瞎指挥和浮夸风等错误为主要特征的"大跃进"运动。

"大跃进"运动在开始阶段,主要表现为农业生产上严重的虚报浮夸,各地竞放高产"卫星",鼓吹"人有多大胆,地有多大产"。在误以为农业、粮食问题已经解决的虚假前提下,1958年8月在北戴河举行的中央政治局扩大会议提出,各级领导今后工作的中心应当转移到工业上来,确定钢产量在1957年535万吨的基础上翻一番、达到1070万吨的钢产量指标。为了在有限的时间内完成过高的钢铁生产指标,北戴河会议后不久,全国范围内掀起了全民大炼钢铁的高潮。到年底,参加大炼钢铁的劳动力达到9000多万人。"大炼钢铁"最终得不偿失。以"大炼钢铁"为中心,还开展了全民大办运输、全民大办电力、全民大办煤炭等各种各样的"大办"。这一系列"大办",把

"大跃进"运动推向了高潮。虽然从1958年11月到1959年7月,在8个多月的时间内几次降低了过高的1959年原定指标,但庐山会议后,又掀起了更大规模的"大跃进",直到1960年年底才不得不终止。在"大跃进"期间,"左"的错误严重泛滥,主观主义盛行,这些主观蛮干现象,给国家财力物力造成了巨大的浪费。

急于过渡的人民公社化运动 在工农业"大跃进"运动进行的同时,生产关系方面也出现了"大跃进",这就是人民公社化运动。1958年8月中共中央北戴河会议作出《关于在农村建立人民公社问题的决议》。决议认为,这是"指导农民加速社会主义建设",提前建成社会主义并逐步过渡到共产主义所必须采取的基本方针。[①] 9月初《人民日报》公布了这一决议。接着,全国掀起了农村人民公社化运动高潮,全国农村一哄而起,仅用一个多月的时间就基本实现了人民公社化,将74万个农业合作社合并成两万多个人民公社。在城市,根据党中央1958年4月发布的《关于继续加强对残存的私营工业、个体手工业和对小商小贩进行社会主义改造的指示》,对各种非公有制经济成分实行了限制、改造以至取缔的严格措施,搞起了城市人民公社,参加人民公社的城市人口多达5500多万人。

作为生产关系"大跃进"的产物,人民公社的基本特点是"一大二公"。所谓"大"就是规模大,比农业生产合作社大10—20倍之多,有的甚至一个县为一个公社。"公"就是公有化程度高,将原来经济条件各不相同的合作社的财产,以至部分个人的财产合并到一起,由公社统一核算和分配。实行以吃饭不要钱为主要内容的部分供给制。社员的自留地、家畜、果树等也被收归社有。人民公社实行政社合一的领导体制。人民公社还大力推行"组织军事化、行动战斗化、生活集体化"的劳动组织方式和生活方式。从以上情况看,人民公社带有浓厚的平均主义和军事共产主义色彩。在建立人民公社的过程中,还出现了混淆社会主义和共产主义、混淆集体所有制和全民所有制、缩

---

① 中共中央文献研究室编:《建国以来重要文献选编》第11册,中央文献出版社1995年版,第447页。

小以至取消商品交换、破除"资产阶级法权"和急于向共产主义过渡等错误理论与实践。

"大跃进"和人民公社化运动是党和毛泽东在探索中国自己的社会主义建设道路中所做的一次"大试验"。事实证明，这是一个充满空想色彩的"试验"，是不成功的，并给我国经济建设带来了重大损失。

初步纠"左"及其中断 对"大跃进"和人民公社化运动中出现的乱子，党和毛泽东逐步察觉，并采取一系列措施予以纠正。在11月初召开的第一次郑州会议、11月下旬在武昌召开的中央政治局扩大会议上，毛泽东提出了"降温"、"压缩空气"，强调要区别集体所有制和全民所有制，划清社会主义和集体主义两个发展阶段等问题。根据毛泽东的意见，12月上旬在武昌召开的八届六中全会讨论了1959年的国民经济计划，降低了北戴河会议提出的部分指标。全会通过了《关于人民公社若干问题的决议》，批评了一些地方急于向全民所有制、向共产主义过渡和企图过早地取消商品生产和商品交换的错误倾向。1959年2—3月间，中央政治局在郑州召开扩大会议，从公社内部所有制分级的问题入手纠正"共产风"问题。1959年4月初，在上海召开的中共八届七中全会再次讨论了1959年的国民经济计划问题，降低了钢产量，调低了基本建设规模。

经过以上努力，"左"的错误得到初步遏制，形势开始向好的方面转变，1959年的庐山会议（包括7月2日至8月1日召开的政治局扩大会议和8月2日至16日举行的八届八中全会）却将这一正确势头反转过来。在会议进行中，中央政治局委员、国防部部长彭德怀给毛泽东写信，指出了1958年以来工作中的主要问题，要求从思想方法和工作方法上总结发生经验教训。毛泽东将信和批示印发给与会者讨论。外交部副部长张闻天、总参谋长黄克诚和湖南省委第一书记周小舟等人，在发言中支持彭德怀的意见。这引起毛泽东的强烈不满，认为是右倾的表现并成为主要危险。7月23日，他严厉批评了彭德怀等人，会议主题发生逆转，由纠"左"变为反右。八届八中全会后掀起了全国范围的"反右倾"运动。"反右倾"运动将党内关于方针政策的不同意见的争论视为阶级斗争，使阶级斗争扩大化的错误在理论上和实践上进一步升级。

在反右倾运动中，喊得最响的口号是"反右倾，鼓干劲，继续国民经济的大跃进"。在新的"跃进"中，由于1959年下半年，特别是1960年的"高指标""共产风"等错误比1958年的错误还要严重，影响范围也更为广泛，加上苏联政府背信弃义地撕毁合同，我国国民经济出现了严重的困难。

（四）对国民经济的调整与"左"倾错误的继续发展

在严重的经济困难面前，1961年1月党的八届九中全会正式决定对国民经济实行"调整、巩固、充实、提高"的八字方针，放弃了"大跃进"的经济发展战略。在会上毛泽东提出，要大兴调查研究之风，把1961年搞成"实事求是"年。会后，毛泽东、刘少奇、周恩来等中央领导人带头深入基层调查研究。

八届九中全会后，中共中央进行了多方面的调整工作。如：调整农村政策，对社队规模偏大、公社管得过多过死、民主制度不健全等缺点作了纠正，取消了供给制和公共食堂，在一定程度上解决了社员之间在分配方面存在的平均主义问题；缩短基本建设战线；精简职工和减少城镇人口等。

在初步调整的基础上，1962年1月中旬至2月上旬，中共中央召开了扩大的工作会议（又称"七千人大会"），有中央各部门、中央局、省地县各级党委以及重要厂矿企业、部队的负责人七千多人参加。会议开展了批评和自我批评，较为深入系统总结了建国以来特别是1958年以来经济建设中的基本经验教训。2月下旬，刘少奇又主持召开了中央政治局常委扩大会议（因在中南海西楼举行，又称西楼会议）和中央工作会议，进一步研究调整任务和调整措施。会后，中央作出了对国民经济进行"伤筋动骨"调整的一系列重大决策：一是在继续压缩基本建设规模的同时，大力缩短重工业战线。二是继续精减职工，压缩城镇人口。三是继续调整农村政策，恢复和发展农业生产。四是稳定市场，回笼货币，消灭财政赤字；五是加强对国民经济的宏观管理，调整经济管理体制。由于采取了上述措施，经济不断恢复发展。到1965年年底，五年调整任务胜利完成。

在此期间或稍前，毛泽东等中央领导同志对社会主义建设一些重要问题也有了比较深刻的清醒认识。如，社会主义可能分为两个阶段，第一个阶段是不发达的社会主义，第二个阶段是比较发达的社会主义；建设强大的社会主义经济，要用一百年或者更多的时间；经济建设既要高速度，又要按比例；必须以农业为基础，正确处理发展工业和发展农业的关系；必须发展商品生产和商品交换，实行按劳分配原则，生产关系要适合生产力的发展水平和群众的要求，等等。这些认识，对于苏联社会主义建设的经验是有所修正的，恢复到了八大前后的一些正确认识。

但随着国民经济调整工作的逐步深入，党的领导人在工作指导思想上的分歧却产生和发展起来。毛泽东错误地看待了这些分歧，并把工作分歧上升到阶级斗争的角度去认识。在1962年9月八届十中全会上，毛泽东系统地提出了"左"倾阶级斗争理论，把社会主义社会中一定范围内存在的阶级斗争扩大化和绝对化，并对所谓的"黑暗风""单干风""翻案风"进行了批判。毛泽东的观点为全会所接受，并写进了会议公报，指出这种阶级斗争是错综复杂的、曲折的、时起时伏的，有时甚至是很激烈的。这种阶级斗争，不可避免地要反映到党内来，国外帝国主义的压力和国内资产阶级影响的存在，是党内产生修正主义思想的社会根源。

八届十中全会后，全党随即在国际国内两个战线开始了"反修防修"的实践。国际上的"反修防修"，表现为20世纪60年代空前规模的中苏大论战。国内的"反修防修"，则是开展城乡社会主义教育运动——"四清"（清政治、清经济、清组织、清思想）运动，进行意识形态领域的批判运动。从1961年1月到1966年5月间，党对社会主义道路的探索，呈现出正确与错误交织的复杂情况，经济建设的发展趋向基本上是正确的，而政治思想的发展趋向则基本上是"左"

的、错误的。这样,"左"的理论指导"左"的实践,"左"的实践又推动"左"的理论进一步发展,导致了"文化大革命"的发动。

(五) 探索走入歧途

从 1966 年 5 月到 1976 年 10 月,是党、国家和人民遭到建国以来最严重的挫折和损失的十年"文化大革命"时期,党对社会主义建设道路的探索走入歧途,中国的社会主义建设事业遭受了建国以来最严重的挫折和损失。

"文化大革命"是毛泽东亲自发动和领导的,其出发点是防止资本主义复辟,维护党和国家的纯洁性,建设一个理想的社会主义社会。

关于社会主义建设的目标模式,毛泽东 1966 年 5 月 7 日在写给林彪的关于部队农副业生产的批示信(《五七指示》)中曾作过表述。其根本要求,是政治上不断开展阶级斗争,思想上高度革命化,经济上逐步消灭行业和专业分工,人人"亦工亦农、亦文亦武",限制商品生产和按劳分配,实行平均主义。这个模式,实际上是 1958 年关于人民公社构想的进一步发展。关于实现上述社会主义目标模式的根本途径,这就是"天下大乱,达到天下大治",基本战略则是"抓革命,促生产"。

"文化大革命"中期,1971 年 9 月林彪事件的发生,客观上宣告了"文化大革命"的失败。但直到 1978 年年底党的十一届三中全会召开,中国共产党才逐步从严重挫折中重新奋起,开始了改革开放和社会主义现代化建设的新时期。

(六) 对探索社会主义道路的总的认识

以毛泽东为核心的党的第一代中央领导集体对中国社会主义建设道路的探索,积累了重要成果。

第一，在政治方面，提出了人民民主专政理论、人民代表大会制度理论、多党合作和政治协商制度理论、民族区域自治制度的理论，以及正确处理人民内部矛盾的理论，在国家统一问题上也提出了正确的政策主张。

第二，在经济方面，提出了在综合平衡中稳步前进的经济建设方针；在国民经济体系中提出了农、轻、重的先后次序和"以农业为基础"的思想；提出了把党和国家的工作重点转移到经济建设上来和用一百年或者更多的时间把中国建成社会主义现代化强国的观点；提出了"四个现代化"的目标以及中国社会主义现代化建设分两步走的构想；开始注意引进西方国家的成套技术设备，如仅在1973年就进口了43亿美元的化纤、化肥以及一米七连续轧钢机等。

第三，在思想文化方面，提出了"百花齐放，百家争鸣"的方针；确认知识分子是工人阶级的一部分；强调科学技术在经济、国防和文化发展中的决定性作用；提出继承祖国优秀的文化遗产，借鉴和吸收世界上一切优秀文明成果。

第四，在外交方面，提出了独立自主的和平外交政策、和平共处五项基本原则；提出了"两个中间地带""三个世界"的观点，团结了全世界特别是亚非拉美地区反殖民主义国家；反对霸权主义，维护世界和平；主张在平等互利的基础上，加强中外经济、文化交流。特别是打破了国际关系格局，与美国、日本改善了外交关系或者建立了外交关系，并且恢复了在联合国的合法权利。国际关系的重组和与大国外交关系的建立，对于国家有长远的指导意义。毛泽东在这些方面有独特的贡献。

第五，在党的建设方面，提出加强和改进党的领导，重视执政党建设，整顿党的作风，加强党同人民群众的联系。

毛泽东探索社会主义建设道路所取得的成就，为当今中国发展奠定了可靠的基础。2006年6月30日胡锦涛在庆祝中国共产党成立85周年暨总结保持共产党员先进性教育活动大会上指出："在社会主义革命和建设时期，我们确立了社会主义基本制度，在一穷二白的基础上建立了独立的比较完整的工业体系和国民经济体系，使古老的中国以崭新的姿态屹立在世界的东方。"① 2011年7月1日胡锦涛在庆祝中国共产党成立90周年大会上的讲话中曾经指出:"我们建立起独立的比较完整的工业体系和国民经济体系,积累了在中国这样一个社会生产力水平十分落后的东方大国进行社会主义建设的重要经验。"②

　　由于党领导社会主义建设的思想理论准备和实践经验不足,制定的路线方针政策超越了社会主义初级阶段,对复杂的国际国内形势作出错误的判断以及党和国家组织制度和领导体制上存在严重弊端等原因,使得党在探索中对"什么是社会主义,怎样建设社会主义"这个重大理论和实践问题的认识上多次出现偏差,发生严重失误,探索最终没有取得成功。党的八大之后不久便出现严重失误,除了党缺乏社会主义建设的实践经验,缺乏对经济发展规律和中国基本情况的深刻了解,没有形成一套为全党所牢固接受的系统的社会主义建设理论外,党的领导人在一连串胜利面前滋长了骄傲自满情绪,这与党的领导层的民主生活不正常、没有法律制度的保障等都有直接关联。

　　党的领导人虽然提出了改革旧的经济体制的任务,但对苏联模式的弊端仍然缺乏深刻的认识,仍然受着以产品经济为基础的单一公有制的计划经济的束缚。虽然从灵活性、多样性考虑认为需要有一些非公有制经济成分和自由的商品经济,但在思想深处仍将其当作资本主义的东西加以提防,仍考虑着在条件成熟时将其消灭。这是经济体制改革没有深入下去,反而出现急于过渡的思想根源。

　　尽管在毛泽东手里没有能够走出一条适合中国国情的社会主义建设道路,但探索的成就不能因此而否定。探索所取得的积极成果,成为中国特色社会主义理论的重要来源;探索过程中出现的失误,成为开启中国特色社会主义道路的契机。历史不可割断。正如2003年12月26日胡锦涛在纪念毛泽东诞辰110周年座谈会上指出的那样:"历史是一条奔流不息的长河。今天由昨天发展而来,明天是今天的延

---

　　① 中共中央文献研究室编:《十六大以来重要文献选编》下册,中央文献出版社2008年版,第520页。

　　② 胡锦涛:《在庆祝中国共产党成立90周年大会上的讲话》,人民出版社2011年版,第4页。

续。"2007年10月党的十七大报告所提的"三个永远铭记"中，其中第一个就是："我们要永远铭记，改革开放伟大事业，是在以毛泽东同志为核心的党的第一代中央领导集体创立毛泽东思想，带领全党全国各族人民建立新中国，取得社会主义革命和建设伟大成就以及艰辛探索社会主义建设规律取得宝贵经验的基础上进行的。"2012年11月党的十八大报告指出："以毛泽东同志为核心的党的第一代中央领导集体，……党在社会主义建设中取得的独创性理论成果和巨大成就，为新的历史时期开创中国特色社会主义提供了宝贵经验、理论准备、物质基础。"①

党的十八大以后，习近平总书记在新进中央委员会的委员、候补委员学习贯彻党的十八大精神研讨班开班式上发表重要讲话指出，我们党领导人民进行社会主义建设，有改革开放前和改革开放后两个历史时期，这是两个相互联系又有重大区别的时期，但本质上都是我们党领导人民进行社会主义建设的实践探索。中国特色社会主义是在改革开放历史新时期开创的，但也是在新中国已经建立起社会主义基本制度、并进行了20多年建设的基础上开创的。虽然这两个历史时期在进行社会主义建设的思想指导、方针政策、实际工作上有很大差别，但两者决不是彼此割裂的，更不是根本对立的。不能用改革开放后的历史时期否定改革开放前的历史时期，也不能用改革开放前的历史时期否定改革开放后的历史时期。要坚持实事求是的思想路线，分清主流和支流，坚持真理，修正错误，发扬经验，吸取教训，在这个基础上把党和人民事业继续推向前进。②

---

① 胡锦涛：《坚定不移沿着中国特色社会主义道路前进 为全面建成小康社会而奋斗——在中国共产党第十八次全国代表大会上的报告》，人民出版社2012年版，第10页。

② 习近平：《毫不动摇坚持和发展中国特色社会主义》，《习近平谈治国理政》，外文出版社2014年版，第22—23页。

八

海峡两岸关系中的独特思考与运作

1949年2月初，毛泽东、周恩来等与斯大林派来的特使米高扬谈话，除了建国方针各项大计外，还谈到了台湾问题。据金冲及主编《毛泽东传（1893—1949）》记载，毛泽东对米高扬说："比较麻烦的有两处：台湾和西藏。其实，西藏问题也并不难解决，只是不能太快，不能过于鲁莽。台湾是中国的领土，这是无可争辩的。现在估计国民党的残余力量大概全要撤到那里去，以后同我们隔海相望，不相往来。那里还有一个美国问题，台湾实际上就在美帝国主义的保护下。台湾问题比西藏问题更复杂，解决它更需要时间。"[1] 在台湾刚刚成为问题的时候，毛泽东就估计到了解决台湾问题很复杂，需要时间。这也是毛泽东第一次说到台湾问题，实际上已经指出了隔海相望的台湾，由于有美帝国主义的保护，解决它的困难。直到今天，这还是台湾问题的实质所在。说这句话的前一个月，1948年12月29日，蒋介石任命陈诚为台湾省政府主席，这是为国民党政权在大陆的残存力

---

[1] 金冲及主编：《毛泽东传（1893—1949）》，中央文献出版社1996年版，第911页。

量推到台湾进行布局。1949年1月21日，蒋介石宣布下野。4月21日，人民解放军解放南京结束了国民党反动政府在中国的统治，蒋介石随后离开奉化老家，5月在舟山群岛徘徊，6月飞抵台北，从此没有再回到大陆。这时候，美国改变态度，无理鼓吹"台湾地位未定"。以麦克阿瑟为首的盟军总司令部担忧台湾军事，有意将台湾移交美国或者联合国暂管的想法。蒋介石致电麦克阿瑟："台湾移归盟国或联合国暂管之拟议，实际上为中国政府无法接受之办法。因为此种办法，违反中国国民心理，尤与中正本人自开罗会议，争回台、澎之一贯努力与立场，根本相反。"[①] 这表明，蒋介石政府虽然被中国人民推翻，但他在台湾坚持了台湾是中国的立场。

1949年3月15日，新华社针对国民党准备以台湾作为最后落脚点，发表《中国人民一定要解放台湾》的社论，第一次提出"解放台湾"的口号。12月31日，中共中央发表《告前线将士和全国同胞书》，将解放台湾、全歼蒋介石集团残余势力作为人民解放军1950年的任务之一。

台湾自古以来是中国领土的一部分。依国际法和国内法，中华人民共和国继承了"中华民国"的全部遗产，对台湾享有主权，是无可争议的。所谓"台湾地位未定论"是完全没有根据的，是一种帝国主义霸权理论。中华人民共和国的治权目前尚未到达台湾，是1949年国内战争的遗留问题。从理论上和实际上讲，内战尚未结束。内战一旦结束，治权问题就会合理解决。

毛泽东在新中国成立后说过："国家的统一，人民的团结，国内各民族的团结，这是我们的事业必定要胜利的基本保证。"[②] 解决台湾问题成为此后国家统一的大问题。

1949年11月，解放军进攻金门失利以后，毛泽东还在准备用一年左右时间解放台湾。但1950年6月朝鲜战争爆发，美国向台湾海峡

---

① 蒋介石：《危急存亡之秋》，载《蒋经国先生全集》第1册，台北"行政院"新闻局1992年版，第447页。

② 《毛泽东文集》第7卷，人民出版社1999年版，第204页。

派遣第七舰队，解放台湾的计划只得搁置下来。朝鲜停战后，美国为了"遏制共产主义扩张"，制造"一中一台"或"两个中国"，企图使台湾问题国际化，以此干涉中国内政，造成台湾与中国大陆永久分裂，以便把台湾长期置于自己的势力范围之内。为此目标，建立共同防御体系，打造包围中国的第一岛链。蒋介石为求自保，为了把台湾建设为"复兴基地"，在1953年9月，和美国秘密签订"军事协调谅解协定"，并在台北成立"协调参谋部"。蒋介石把自己绑在美国的战车上。为争取订立美台共同防御条约，国民党台湾当局派海空军在大陆沿海及其空域频繁出动，严重影响了大陆的航运及渔民的生产和生活。1954年12月，《美台共同防御条约》终于在华盛顿签字。1955年1月美国国会通过的《台湾决议案》，金门、马祖地区被以"有关阵地及领土之防卫"的字样放在美国保护伞之下。

  毛泽东和中共中央高度关注美蒋勾结。1954年7月，毛泽东和中共中央作出"一定要解放台湾"的决定，《人民日报》社论指出"台湾是中国的领土，中国人民一定要解放台湾。不达目的，决不休止"。中央军委根据毛泽东的提议，以解放台湾作为长期的斗争目标，制订了对台斗争的军事计划和实施步骤。毛泽东提出"边打边建"的方针，即在准备解放台湾的战争中，加强空军和海军建设，推动军事工作、外交工作、政治宣传工作和经济工作。

  1954年的炮击金门，是打破美蒋勾结的重要手段。9月3日，驻福建前线部队向金门连续发炮5000余发。国民党以炮火回击。这被称为第一次台海危机。1955年1月，中央军委命令解放军对大陈群岛中的一江山岛发起进攻随即占领全岛。1月28日，在美国唆使下，新西兰向联合国安理会提出台湾海峡停火案。苏联针对此案提出制止美国侵略中国提案。联合国将此两案列入议程，并邀请中华人民共和国派代表出席联合国安理会讨论两案。中国政府声明联合国讨论此两案，是干涉中国内政，予以反对。蒋介石也发表反对谈话。美国又反对苏联的提案。这样美国策划的台湾海峡停火案无疾而终。美国不得不坐下来直接面对中国。2月，人民解放军控制了大陈群岛。金门炮火试探了美国的态度。7月，中美签署"联合公报"将领事级谈判升级为大使级。8月，中美第一次谈判在日内瓦举行，第一次台海危机结束。

1955年4月万隆亚非会议期间，出席会议的周恩来在大会上表示，中国政府愿意同美国政府坐下来谈判，讨论和缓远东紧张局势的问题，特别是和缓台湾地区的紧张局势问题，这是向美国政府传递了和缓台湾局势的信号。此后，毛泽东和中共中央逐步确立了争取和平解决台湾问题的基本方针。1956年9月中共召开八大，刘少奇在八大报告中谈及台湾问题，表示："我们愿意用和平谈判的方式，使台湾重新回到祖国的怀抱，而避免使用武力。如果不得已而使用武力，那是在和平谈判丧失了可能性，或者是在和平谈判失败以后。"[1] 这是中共的政治报告里首次提出和平解决台湾问题。

但是美国并不领情。它不仅继续纵容台湾当局对大陆沿海骚扰破坏，使台湾海峡再次出现紧张局势，而且在中美大使级会谈中不谈台湾问题，到1957年又主动中止了中美大使级会谈这个直接接触的渠道，暴露出美国政府根本无意通过谈判解决台湾问题，而想把"一中一台"或"两个中国"固定化、合法化。毛泽东意识到解决台湾问题、恢复中国在联合国的合法席位，办法只有两种："把自己建设强大"与"尽快收回台湾"。[2] 毛泽东决定以台湾海峡的紧张局势"给美国人一点颜色看"。[3]

1958年金门炮战前，鹰厦铁路通车，7—8月间，福建前线空军连续击落美制国民党飞机9架，这表示，影响沿海岛屿作战和解放台湾的后勤运输保障和制空权的两大难题，已经得到一定程度的解决，为大规模炮击金门创造了条件。

就在这个时候，美国在中东捅了娄子：伊拉克发生革命，搞得艾森豪威尔、杜勒斯神魂不安，决定派兵去黎巴嫩，遭到了全世界人民的反对。联合国在8月21日召开大会，通过了第三世界为主的大多数国家要求美国从黎巴嫩和约旦撤兵的决议。[4]

---

[1]《刘少奇选集》下卷，人民出版社1985年版，第203—262页。
[2]《毛泽东文集》第7卷，人民出版社1999年版，第144页。
[3] 吴冷西：《十年论战》，中央文献出版社1999年版，第189页。
[4] 同上书，第187页。

蒋介石却想趁火打劫，伺机扩大事态，7月宣布台澎金马进入紧急备战状态，同时加紧军事演习和空中侦察，摆出反攻大陆的姿态。

8月8日和22日，美国国务院两次召开会议，研究台湾海峡局势，作出三项决定："一、增派航空母舰和战斗机，向台湾提供登陆艇、响尾蛇导弹、火炮和军需。这是"武"的一手。二、通过杜勒斯复函美国众议院外委会主席摩根，向中国施压。这是"文"的一手。三、授权驻台大使对美台《共同防御条约》的换文加以"澄清"，如中国大举进攻外岛，可以进行报复，但小型攻击不在其列。"[①]

8月18日，毛泽东作出了炮打金门的决定，提出了炮打金门"直接对蒋，间接对美"的八字方针。

在联合国大会通过反美决议的第三天，为了打乱美国在中东的部署，为了打开中美直接对话的渠道，也为了打击美蒋勾结的气焰，1958年8月23日下午5时30分，猛烈的炮火震动了金门，也震动了整个世界。福建前线解放军36个地面炮兵营和6个海岸炮兵营向金门猛烈开炮。次日实施第二次炮击。近3万发炮弹从福建前线猛轰金门国民党守军阵地，金门全岛顿时淹没在浓烟烈焰之中。此次万炮轰金门，击毙击伤国民党军中将以下官兵600余人，两名美军顾问也在炮击中丧生。25日，台湾当局派遣48架飞机至金门以东海域，其中8架窜至漳州地区，两架被解放军部队击落。国民党军队试图调整接济金门的运输方案，在解放军封锁之下，解决不了问题。到9月2日，金门基本被封锁，供给线几乎被完全切断，运抵金门的物资减少为原来的5.5%。[②]

万炮轰金门的关键在于试探美国政府的态度。美国同国民党订立了共同防御条约，防御范围是否包括金门、马祖在内，没有明确规定。美国人是否把这两个包袱也背上，还得观察。打炮的主要目的不是要侦察蒋军的防御，而是侦察美国人的决心，考验美国人的决心。

---

① 林正义：《一九五八年台海危机期间美国对华政策》，台湾商务印书馆1985年版，第56—58页。

② 韩怀智、谭旌樵主编：《当代中国军队的军事工作》，中国社会科学出版社1989年版，第394—400页。

美国急忙调太平洋第七舰队主力和第六舰队一部前往台湾海峡。美国也在考验中国的决心。美舰开始为蒋舰护航，毛泽东命令只打蒋舰，不打美舰，即使美舰开炮也不还击。实际上，解放军炮击蒋舰，护航的美舰不仅没有还击，而且溜走了。这使台湾当局很恼火，加上9月中旬中美恢复大使级会谈，令蒋介石怨声不已。蒋介石对中外媒体表示台湾到了"存亡绝续之交"，将固守金马，"不容为了考虑盟邦态度如何，而瞻顾徘徊，若至紧要关头，台决心独立作战"①。表明台方将要顾不得美台条约束缚和美国政府干涉，而行使其"自卫权"了。随着金门炮击的进一步发展，美蒋在金门、马祖撤军问题上发生了分歧，美国企图逼迫蒋介石接受"划峡而治"，实现"一中一台"的图谋。毛泽东审时度势果断作出继续将金门、马祖留在蒋介石集团手上、金马台澎最终一起解决的决策，利用美蒋矛盾，挫败了美国搞"一中一台"或"两个中国"的阴谋。在这个过程中，毛泽东逐步形成了后来被周恩来概括为"一纲四目"②的祖国统一构想，对海峡两岸关系产生了深远而重大的影响。③

第二次台海危机，是毛泽东运筹帷幄，以国际形势为背景，正确处理中美关系和海峡两岸关系的典范。毛泽东说过炮打金门是以边缘战争对付美国的边缘战争，是运用了与美国的斗争中斗而不破的高超

---

① 《金门保卫战的胜利》（1958年9月29日招待中外记者答问），秦孝仪主编：《先总统蒋公思想言论总集》卷39，台北"中央党史委员会"，1984年，第124页。

② "一纲四目"是周恩来根据毛泽东提出的处理台湾问题的原则概括的，这些意思由张治中转达给了台湾当局。我们的对台政策是：台湾宁可放到蒋氏父子手里，不能落到美国人手中。台湾必须统一于中国。具体是：1.台湾回归祖国后，除外交必须统一于中央外，所有军政大权人事安排等悉委于蒋，陈诚、蒋经国亦悉由蒋意重用；2.所有军政及建设费用不足之数，悉由中央拨付；3.台湾的社会改革，可以从缓，必俟条件成熟，并征得蒋之同意后进行；4.互约不派特务，不做破坏对方团结之举。《周恩来年谱（1949—1976）》中卷，中央文献出版社1997年版，第321页。1963年1月4日张治中致陈诚函，文字略有差异，标明"一纲"、"四目"，参见中共中央党史研究室《中国共产党历史（1949—1978）》第2卷，中共党史出版社2011年版，第639页。

③ 逄先知、金冲及主编：《毛泽东传（1949—1976）》，中央文献出版社2003年版，第846—847页。

艺术。台湾问题是中国的内政，美国企图长期霸占台湾，与中国的利益产生了根本矛盾，但美国是霸权国家，我们与它斗争是要讲求斗争艺术的。斗过了，发生战争，我们打不赢美国，我们自己会受到很大损失，影响中国的建设；不斗，会使美国实现霸占台湾的野心，也对我不利。只有斗而不破，强烈地表明中国政府和人民对台湾的立场，才能抑制住美国的野心，才能给台湾当局恰当地警告，对美国斗而不破，才对中国的长远利益，对中国解决台湾问题有利。台澎金马是套在美国脖子上的一根绞索，它不放弃这个绞索，到头来对它是不利的。

《毛泽东传（1949—1976）》指出：炮击金门，是毛泽东纯熟地运用政治斗争、军事斗争、外交斗争和舆论宣传攻势，并将它们交融于一体的一次重大行动，尽管炮击金门未能也不可能从根本上解决台湾问题和中美关系问题，但对于蒋介石反攻大陆的嚣张气焰，特别是对于美国搞"两个中国"的企图，都是一个沉重的打击。在这场斗争中，毛泽东适时地改变和调整部署，灵活运用策略方针，迫使美国不能不继续保持中美大使级会谈这一外交对话渠道。事实证明，这场斗争对确保国家主权和国家安全，具有重要意义。[①] 这个总结是符合事实的，是正确的。

"一纲四目"的提出，为此后"一国两制，和平统一"的主张提供了思想基础。

[①] 逢先知、金冲及主编：《毛泽东传（1949—1976）》，中央文献出版社2003年版，第884页。

九

简短的结语

——馨香奉献毛泽东

2013年12月26日,是毛泽东诞辰120周年的日子。120年前,湖南韶山一个农村妇女诞下一个男孩,这个男孩后来成长为中国近现代历史上一个最为伟大的人物。他就是毛泽东,一个光辉灿烂的名字。

从1849年到1949年这一百年,是中国历史上最为惊天动地、惊世骇俗,变动最为剧烈的一百年。从1949年到2049年,是中华民族从衰弱走向复兴的一百年。这两个一百年,是要为今后的中国历史学家大书特书的两个一百年。毛泽东正活动在这两个一百年的中间:1949年前的半个世纪,他在剧烈变动的时代中是一个叱咤风云的人,是一个引领时代前进的人,他推动了历史的前进;在1949年后的27年中华民族复兴的征程中,他还是一个呼风唤雨的人,是一个引领时代前进的人,是一个动员了中国全体人民的人,虽然在行进中有些跌跌撞撞,他毕竟在探索中国前进的路。他是一个把毕生毫无保留地献给中国人民的人!他是一个为国家走向富强工作到最后一息的人。我们的后人将会为中国的发展创下更为伟大的业绩,为人类作出更为伟大的贡献，这是毫无疑问的，但是像毛泽东经历了那样剧烈的世纪变化、那样风雨兼程、那样天地开创的人，应该是前无古人，后鲜来者的！

今天，全体中国人现在和今后在生活中所享受的物质条件都比他那个时代好，但是我们不要忘记，我们都在享受着他的劳绩带给我们的丰泽雨润。

1981年6月，中共十一届六中全会通过了《关于建国以来党的若干历史问题的决议》，对毛泽东的历史地位和他对中国历史的独特贡献做出了科学的评价和总结。中国共产党的领导人邓小平、江泽民、胡锦涛、习近平等都对毛泽东的历史贡献做出了肯定的评价。这些肯定的评价反映了中国绝大多数人民的愿望，是尊重历史事实的，是得到人民拥护的。

在毛泽东诞辰120周年、逝世37周年的时候，我们怀念毛泽东，回顾他的一生事功，指出他的成功与失误，对于认识历史和认识社会现实是有意义的，对于从中汲取力量、推进中国历史的前进是有意义的。

毛泽东作为一个历史人物，人们认识上存在分歧，是可以理解的。但是，在毛泽东逝世后，在反思半个世纪来中国历史进步的时候，出现了一些否定毛泽东的声音，出现了所谓"非毛化"的倾向。这种"非毛化"的倾向是完全错误的。

研究历史人物，最重要的是要尊重基本的历史事实，是要尊重历史人物所处的时代，是要尊重这个历史人物比他的同时代人、比他的前代人贡献于历史那些更多的东西。有人对毛泽东加上了"罪恶滔天"的恶谥，把毛泽东领导下的中国说成是一团漆黑，一无是处，是"专制帝王"，极尽污蔑攻击之能事。这就不是一个正常人对历史人物的评价了，恕我不客气的话，这是带有阶级报复性的思维方式，应该痛加驳斥。全盘否定革命领袖毛泽东，丑化毛泽东这个中国共产党的主要领袖、中华人民共和国的主要开创者、人民军队的主要缔造者，就是丑化中华人民共和国，就是丑化中国的社会主义制度，就是丑化中国人民对美好理想的追求。这是历史虚无主义的恶劣表现，是企图从历史依据和逻辑前提上否定马克思主义在当代中国的指导地位，否定中国共产党在现实政治中的执政地位，否定社会主义根本制度，为另寻"自由主义出路"制造依据，为西方敌对势力"西化""分化"中国制造根据。有人指出，这种历史虚无主义，他们所要虚无掉的正是中华民族的脊梁与精神，正是中华民族的骄傲与希望。① 我们完全赞成这样的评论。

从正常的理论逻辑和历史逻辑来说，毛泽东探索中国社会主义的建设规律的轨迹是很清楚的。毛泽东在理论上和社会现实的观察上，鉴于苏联复辟资本主义的严重社会现实，所犯的最大失误是对国内阶级斗争的现实严重性估计过分了。由此引出一系列现实政治措施上的错误，影响他对国家发展重心的认识的偏离，没有始终抓住社会主义建设不放，有时候把重心偏离到阶级斗争上去，这是第一点。第二点错误，是没有掌握社会主义发展规律，对于什么是社会主义，怎样建设社会主义，心中没底。在社会主义建设的速度上犯了急性病，在国民经济按比例发展上，没有认识到自身发展规律。所以犯这个错误，从思想认识上讲，还是理论和实际相脱离，或者说马克思主义理论与中国的实际相脱离。第三点，他在晚年春秋高，调查研究少了，了解社会实际不够了，实事求是的精神欠缺了。加上威信过高，在党的领导层中难免家长作风，听不得不同意见，民主作风欠缺了。再一个就是终身制，这一点在十一届三中全会后已经解决了，已经形成了领导体制过渡的恰当形式。

严格说来，这些错误，不只是毛泽东个人的错误，而是中国共产党领导层的错误，是那一代人的共同错误，是时代的局限造成的。当然，毛泽东应该承担更多的责任。早日建成社会主义，早日过渡到共产主义，那一代中国人哪一个不是欢欣鼓舞呢？我作为那个时代的过来人，是有切身体会的。虽然物质生活匮乏，但精神生活是昂扬的，对早日达到共产主义是有追求、是有向往的。但是这种急性病，距离

---

① 李捷：《"非毛化"虚无掉的正是中华民族脊梁》，《中国社会科学报》2013年9月6日。

社会现实太远，是不能实现的。这种急性病，带有列宁所批评的共产主义运动中"左派"幼稚病的某些迹象。在一定意义上说，犯这种错误是难免的。中国共产党人摸索新民主主义革命的规律，从建党到中华人民共和国成立，花了28年。这28年就是一个应该付出的代价。从中华人民共和国成立到1976年"文化大革命"结束，毛泽东去世到十一届三中全会，也是28年，这也是一个应该付出的代价，这以后才可能召开中共十一届三中全会，才可能形成建设中国特色社会主义的新认识。才有可能形成习近平新时代中国特色社会主义思想。

历史人物难以避免时代的局限，这是任何时代的人不能回避的。毛泽东的过人之处就在于，他自己认识到这一点。

1960年毛泽东在《十年总结》中说："我们对于社会主义时期的革命和建设，还有一个很大的盲目性，还有一个很大的未被认识的必然王国，我们还不深刻地认识它。我们要以第二个十年时间去调查它，去研究它，从其中找出它的固有的规律，以便利用这些规律为社会主义的革命和建设服务。"[①] 1961年他说"搞社会主义我们没有一套，没有把握。比如工业，我就不甚了了。计划工作怎么搞，现在总搞不好"[②]。同年他还对英国元帅蒙哥马利说"我们对搞社会主义没有经验，包括社会主义革命、社会主义经济建设。要取得经验需要一个过程"[③]。1956年毛泽东应南斯拉夫客人的请求，回答中国的前途问题时说："关于中国的前途，就是搞社会主义。要使中国变成富强的国家，需要五十到一百年的时光。现在已不存在障碍中国发展的力量。中国是一个大国，它的人口占全世界人口的四分之一，但是它对人类的贡献是不符合它的人口比重的。将来这种状况会改变的，可是这已不是我这一辈的事，也不是我儿子一辈的事。将来要变成什么样子，是要

---

① 《毛泽东文集》第8卷，人民出版社1999年版，第197页。
② 毛泽东在中央和各大区负责人会议上的讲话传达记录稿，1961年8月23日，转引自逄先知、金冲及主编《毛泽东传（1949—1976）》，中央文献出版社2003年版，第1169页。
③ 毛泽东同蒙哥马利的谈话记录，1961年9月23日，转引自逄先知、金冲及主编《毛泽东传（1949—1976）》，中央文献出版社2003年版，第1171页。

看发展的。中国也可能犯错误,也可能腐化,由现在较好的阶段发展到不好的阶段,然后又由不好的阶段发展到较好的阶段。当然即便不好总不会像蒋介石时代那样黑暗,是辩证的,即肯定、否定、否定之否定,这样曲折地发展下去。"①

毛泽东说过我们不是圣人,难免犯错误。他在1956年总结苏联的教训时说:"共产主义运动,从马克思、恩格斯发表《共产党宣言》算起,至今只有一百年多一点的历史。无产阶级专政的历史,从俄国十月革命算起,还不到四十年。实现共产主义,是空前伟大而又空前艰巨的事业。不艰巨就不能说伟大,因为很艰巨才很伟大。在这艰巨斗争的过程中,不犯错误是不可能的,因为我们走的是前无古人的道路。我历来是'难免论'。斯大林犯错误,是题中应有之义。赫鲁晓夫同样也要犯错误。苏联要犯错误,我们也要犯错误。问题在于共产党能够通过批评和自我批评克服自己的错误。"② 1957年毛泽东《在省市自治区党委书记会议上讲话》说:"我们搞革命和建设,总难免要犯一些错误,这是历史经验证明了的。《再论无产阶级专政的历史经验》那篇文章,就是个大难免论。我们的同志谁愿意犯错误?错误都是后头才认识到的,开头都自以为是百分之百的马克思主义。当然,我们不要因为错误难免就觉得犯一点也不要紧。但是,还要承认工作中不犯错误确实是不可能的。问题是要犯得少一些,犯得小一些。"③ 这里说的犯错误,既包括了历史时代的局限可能犯的错误,也包括因认识不足和经验缺乏所犯的错误,还包括因个人原因犯的错误。重要的是,中国共产党能够通过自己来克服错误。中国共产党已经总结了自己的历史,包括毛泽东领导国家时期的历史,克服了以往的错误,中国的事业又重新大踏步前进了。

毛泽东一生革命,一家人中出现了6位烈士。中华人民共和国成立以后,为了保家卫国,他像千千万万普通父母一样,把自己的儿子

---

① 《毛泽东文集》第7卷,人民出版社1999年版,第124页。
② 吴冷西:《忆毛主席》,新华出版社1995年版,第5—7页。
③ 《毛泽东文集》第7卷,人民出版社1999年版,第196—197页。

送到朝鲜战火的前线。他的儿子毛岸英未能幸免于美国军机的炸弹，未能全身返国。毛泽东一生清廉，勤勉从公，没有为子女和亲属留下财产和权力。五千年中国历史中，从古代的皇帝到民国时期的总统，哪一个能与他相比呢？哪一个能像他那样大公无私呢？毛泽东对国家的忠诚和贡献是无与伦比的。我禁不住要吟诵他的《沁园春·雪》：

> 江山如此多娇，
> 引无数英雄竞折腰。
> 惜秦皇汉武，
> 略输文采；
> 唐宗宋祖，
> 稍逊风骚。
> 一代天骄，
> 成吉思汗，
> 只识弯弓射大雕。
> 俱往矣，
> 数风流人物，
> 还看今朝！

毛泽东是中国近现代历史上最重要的伟大人物，值得今天的、今后的中国人永远怀念！

2013 年 9 月 22 日凌晨
国庆日修订

参考书目

1. 中共中央文献研究室编、金冲及主编：《毛泽东传（1893—1949）》，中央文献出版社1996年版。
2. 中共中央文献研究室编、逄先知、金冲及主编：《毛泽东传（1949—1976）》，中央文献出版社2003年版。
3. 中共中央文献研究室编、逄先知主编：《毛泽东年谱（1893—1949）》，人民出版社、中央文献出版社1993年版。
4. 中共中央党史研究室：《中国共产党历史》第一、二卷，中共党史出版社2011年版。
5. 中共中央文献研究室、中共湖南省委《毛泽东早期文稿》编辑组编：《毛泽东早期文稿》，湖南出版社1990年版。
6. 薄一波：《若干重大决策与事件的回顾》，中共中央党校出版社2008年版。
7. 吴冷西：《十年论战》，中央文献出版社1999年版。
8. 金冲及：《二十世纪中国史纲》，社会科学文献出版社2009年版。
9. 张海鹏主编：《中国近代通史》，江苏人民出版社2007年版。
10. 姚有志、陈宇主编：《毛泽东大战略》，解放军出版社2009年版。
11. 胡哲峰、于化民：《毛泽东与林彪》，新世界出版社2013年版。

重印后记

本书是为纪念毛泽东120周年诞辰准备的。出版近10年。此次借重印机会,作者对全书作了一次校阅,作了一些必要的修订和补充。此次修订和补充如有缺漏,敬请读者谅解。重印本书,说明读者对本书是有期待的、是欢迎的。作者特此感谢,也欢迎读者不吝教正。

张海鹏

2023 年 7 月 28 日